MIRACLE FIVE

미라클 파이브

미라클 파이브

1판 1쇄 인쇄 2022년 6월 15일
1판 1쇄 발행 2022년 6월 22일

지은이 데이브 신
펴낸이 이기준
펴낸곳 리더북스
출판등록 2004년 10월 15일(제2004-000132호)
주소 경기도 고양시 덕양구 지도로 84, 301호(토당동, 영빌딩)
전화 031)971-2691
팩스 031)971-2692
이메일 leaderbooks@hanmail.net

• 잘못된 책은 서점에서 바꿔드립니다.
• 책값은 뒤표지에 있습니다.

리더북스는 독자 여러분의 책에 관한 아이디어와 원고 투고를 설레는 마음으로 기다리고 있습니다. 책으로 엮기를 원하는 아이디어가 있으신 분은 이메일 leaderbooks@hanmail.net로 간단한 개요와 취지, 연락처 등을 보내주세요.

MIRACLE FIVE

미라클 파이브

데이브 신 지음

리더북스

경영자처럼 생각하고 일하라

맨유의 알렉스 퍼거슨 감독에게 기자가 물었다.

"팀을 이끌 때 가장 어려운 점은 무엇입니까?"

퍼거슨 감독에게서 의외의 답이 돌아왔다.

"혈기 넘치는 선수들에게 뛸 날이 서른 이전에 끝난다는 사실을 납득시키는 것입니다."

젊음은 지속되지 않는다. 혈기로 해결할 수 있는 것은 아무것도 없다.

괴테는 "젊은 시절에 해야 할 가장 중요한 일은 평생 다 쓸 수 없는 자산을 최대한 많이 만드는 것이다."라고 했다.

젊은 그대들의 내면의 갈등과 고민을 여러분의 눈높이에서 모두 담아낼 수 있으면 얼마나 좋을까 생각한다. 필력이 있어서 그대들에게 감동을 주는 글을 쓸 수 있는 것도 아니다. 배움이 대단해서 설득하려는 것은 더더욱 아니다. 단지 여러분보다 먼저 걸어갔던 길을 돌아보면서 매 순간의 선택이 나를 만들었던 것을 나누고 싶을 뿐이다.

취업을 위한 스펙을 쌓느라 캠퍼스에 가득한 봄을 제대로 느낄 여유도 없이 동분서주하는 청년들, 어렵사리 입사한 직장에서 고단한 일상을 버텨내고 있는 젊은 직장인들에게 무언가 조언해주기보다는 먼저 따뜻한 가슴으로 꼭 안아 주고 싶다.

가냘픈 새가 높고 푸른 하늘로 날아오르려면 적어도 1,000번의 날갯짓이 필요하다. 오늘도 비상을 열망하는 젊은 그대의 날갯짓이 얼마나 힘든 일임을 인생의 선배로서 잘 알고 있다.

인생에서 중요하지 않은 시기는 없다. 특히 각자 인생에서 가장 중요한 5년이 있을 것이다. 이 결정적 시기를 놓치지 말고 자기만의 세계를 품고 갈망하기를 바란다. 이를 위해 여러분의 인생에 도움이 될 만한 답을 내놓으려고 나름 노력했지만, 뻔하고 도식적인 이야기로 들릴 수도 있고, 현실적인 조언이 미흡할 수도 있다.

경제·경영 학위를 받았기 때문에 일을 잘하는 것이 아니라, 일을 잘하기 위해 학위를 받았기 때문에 일류기업의 생태계를 배우면서 글로벌 스탠더드를 적용할 수 있었다. 그들만의 방식으로 경쟁을 따돌리고 '결국 해내는 인재'들과 함께 일하면서 왜 최고가 되어야 하는지를 알게 되었다.

후회하지 않을 직업을 통해 가치를 실현하는 그들과 함께 생각하고 일하는 것이 정말 즐거웠다. 그들은 왜 이 일을 하고, 여기에 있는지를 증명하는 것으로 초일류기업을 만들어 가고 있다.

자신만의 직업을 찾는 사람은 자신이 좋아하는 것, 잘하는 것을 통해 많은 경험을 해보고 결국 그 길을 간다. 이들의 공통점은 자신이 실제로 사업하는 오너는 아니지만 '사업가처럼' 생각하고 행동한다는 것이다. 직원일지라도 '사업하는 오너처럼' 스스로 '자신의 사업'을 한다는 마인드로 일을 해야만 함께 성장한다는 것을 안다.

나는 경영자처럼 일을 잘하고 싶었다. 안주하고 싶은 익숙함을 거부하고, 목표에서 멀어지지 않으려고 노력했다. 나는 직원이 아니라 경영자의 마인드를 가지고, 힘들지만 모든 과정을 통과하겠다고 결심했다. 그리고 결국 해냈다.

이 책을 읽고 여러분이 글로벌 기업의 생태계를 제대로 알고, 세계 최고의 인재들과 경쟁해서 이기는 혁신가로 성장한다면 더는 바랄 것이 없다.

인생은 주어진 운명에 순응하든지, 도전하든지 둘 중의 하나다. 운명에 순응한 사람이 하지 않았던 일을 어떤 이들은 끝까지 해냈다. 그들은 절대적으로 소수인 성공한 사람들이다. 도전에 익숙해지지 않으면 꿈이 순응하지 않는다. 평범한 것에 길들어진 자신을 거부하고, 익숙한 것과 결별하고 낯선 세계로 뛰어들어야 한다. 성공한 사람들의 수많은 시행착오는 성공에 가려져 드러나지 않았을 뿐이다. 도전은 언제나 두려움 끝에서 완성된다.

세계 최고 기업들도 그 시작은 너무나 초라하고 미약했다. 성공할 가능성이 있다고 말하기조차 민망한 수준이었다. 그러나 벤처기업에는 절박함에서 꽃을 피우는 기업가 정신이 있다. 거창하게 시작할수록 쉽게 접근하려는 습성이 생겨 벤처 정신이 실종된다.

지금, 젊은 그대에게는 명확한 길이 보이지 않을 수도 있다. 그러나 작은 문틈으로 한 줄기의 빛이 새어 들어오는 순간부터 그간 희미했던 것들이 하나씩 구체적으로 보이고 연결되기 시작할 것이다. 절망 속의 한 줄기 빛이 희망의 꽃을 피우게 하고, 희망은 나를 움직이게 한다.

지금껏 하루하루 살아가는 것으로 만족했다면, 이제는 여러분이 꿈꾸는 세계에서 이기기 위해 살기를 바란다. 이기기 위해 분투하는 것과 지지 않기 위해 싸우는 것은 근본적으로 다르다. 성공하기 위해 사는 것과 그저 하루하루 살아가는 것으로 만족하는 삶은 하늘과 땅 차이다.

여러분이 품은 꿈의 크기에 비례해서 성공의 크기가 정해진다. 나는 그대들이 이 책을 통해 마음 한편에 묻어두었던 생각을 꺼내어 상상의 세계를 열어갈 수 있기를 소망한다. 처음부터 길이 있었던 게 아니다. 내가 그 길을 만들어서 가면 내 길이 되는 것이다. 큰길을 만들라. 많은 사람을 다니게 할 수 있으면 신작로가 되는 것이다. 여러분의 길을 만들지 못하면, 평생 남들이 만들어 놓은 길로 다녀야 할지도 모른다.

'무엇을 위해서 살 것인가?'

'무엇을 하며 살 것인가?'

'어떻게 살 것인가?'

이 질문에 답할 수 있는 사람은 여러분 자신밖에 없다. 다소 철학적인 질문 같지만, 인생의 방향을 가늠할 수 있는 질문에 분명한 답을 가지고 시작해야 한다. 의미 없이 시간을 흘려보내면 인생도 그렇게 흘러간다. 나의 시대는 내가 필요한 이유를 설명할 수 있어야 한다.

여러분은 무엇을 위해 어떻게 시작하고 싶은가?

오늘부터 5년 후 인생을 그려보자.

차례

PART 1　세계 최고 인재들이
공부하고 일하는 법

초일류 기업들은 어떤 직원을 채용할까?

우리나라 학생들은 한날한시에 정답이 정해진 똑같은 문제를 푸는 방식에 익숙해져 있다. '크리에이티브 코리아(Creative Korea)'를 기대할 수 없는 이유다.

세계 3대 투자가로 꼽히는 짐 로저스(로저스홀딩스 회장)는 몇 년 전 한국을 방문하여 서울 노량진 학원가를 둘러본 뒤 "한국 청년들은 모두 공무원을 꿈꾸는데 이런 경우는 세계 어디에도 없다."며 한국의 미래를 비관했다.

세상을 바꿔 갈 주인공은 일선 교육을 책임지고 있는 49만 명의 선생님들이다. 몇 년 전 맥킨지 보고서는 한국 교사의 자질을 핀란드, 싱가포르와 함께 세계 3위 안에 꼽았다. 보고서에는 "싱가포르는 상위 30% 인력이 교사가 되고, 핀란드는 20%, 한국은 5% 인재가 교단에 선다."라고 썼다. 교과서만 있다고 공부가 되는 것이 아니다. 왜 공부해야 하는

지, 공부하고 싶도록 동기부여를 해주는 것이 중요하다.

정답 중심의 교육이 아니라, 질문 중심의 교육이 선행돼야 한다. 개인 중심에서 팀 중심의 교육으로 패러다임을 전환해야 한다. 친구와의 경쟁보다는 옆사람과의 협업이 더 중요하다는 사실을 가르쳐야 한다. 신고립주의와 국수주의가 강화되는 시기에 도식된 문제에 매달리게 하는 것은 근시안을 만드는 것이다. 청년들이 도전보다 안정을 추구하는 사회에서는 혁신이나 역동적인 변화가 일어나기 어렵다.

정답을 찾는 사람이 아니라, 지도 밖에서 길을 만드는 선도형 인재가 필요하다.

외국 글로벌 회사의 인사 담당자는 국내 채용에서 '다름'을 구분하기가 어려워 스펙 중심으로 채용할 수밖에 없다고 하소연한다. 애플이 국내에 2021년 7월부터 11개 직무 분야를 연말까지 채용공고를 3회 이상 내면서 인재를 채용하려고 했는데, 아직 필요로 하는 직원을 모두 채용하지 못했다고 한다. 'Trend Setter' 즉 '시대의 유행을 선도할 수 있는 인재'를 아직 찾지 못하고 있다는 뜻이다. 회사에서 원하는 사람이 있을 때까지 가능한 기간을 연장해서라도 채용하겠다고 밝혔다. 안 되면 스카우트하는 수순으로 간다고 한다.

미국 글로벌 회사들은 대개 3~6개월까지 면접을 보는 경우가 많다. 국내 기업과 비교해서 채용 과정이 길고, 지원자에 대한 까다로운 심사 절차와 검증을 거친다고 할 수 있다. 그래서 유능한 인재들은 몇 군데 교차지원을 해서 기다린다.

회사에서 경력자 면접을 보는데, 어떤 사람의 이력서 도큐멘트 (Document)에 자격증이 10개가 넘고, 면접에서도 자기는 어떤 일을 맡겨도 다 잘할 수 있다고 하기에 일단 인턴으로 채용했다.

기업의 인사평가 기준은 크게 퍼포먼스(전 직장에서 쌓은 실적과 전문성)가 6할, 잠재적 역량(리더십, 관계성, 도전정신, 통찰력 등의 자질)을 4할 정도로 평가한다. 글로벌 문화에 대한 인식, 글로벌에 대응할 수 있는 이해력으로 레퍼런스 체크(전 직장에서의 평판)가 좋아야 한다.

출근 첫날, 경력 신입직원에게 "잘하는 10개 중 9개는 버리고, 1개를 더 잘하도록 집중하라."고 조언해주었다.

모든 일을 잘할 수 있다고 하는 사람이 가장 위험하다. 물론 모든 일을 잘할 수 있는 멀티플레이어이면 금상첨화지만, 모든 것을 잘한다는 것은 거의 불가능하다. 모든 것 중에 특별히 잘하는 게 없다는 뜻이기도 하다. 보통 사람들의 레벨에서 잘하는 것이지, 프로의 세계에서는 모두 다 잘한다는 것은 모두 다 못한다는 말로 통한다. 마이너리그에서 잘하는 것과 메이저리그에서 잘하는 것은 차원이 다르다. 여러분은 메이저리그를 기준으로 자신과 비교하고 판단하여 진정한 프로가 돼라.

야구선수는 야구만 잘하면 된다. 축구, 농구, 골프까지 잘할 필요가 없다. 축구는 축구선수가 잘하면 된다. 이것저것 배우는 시간에 한 가지에만 집중해서 잘하는 게 프로다. 야구와 골프는 공을 치는 운동이니 야구를 잘하면 골프도 잘할 것 같지만, 전혀 다르다. 야구와 골프는 쓰는 근육이 따로 있고, 야구를 잘하기 위해 흘린 땀과 골프를 잘하기 위해 흘린 땀도 다르다.

인간에게는 '에너지 총량의 법칙'이 있다. 사용처가 늘어나고 분산되면 전체적으로 사용할 수 있는 에너지가 부족하여 집중할 수가 없다. 오목렌즈로 빛을 모아 불꽃을 만드는 것처럼 한 가지 일에 집중해야만 에너지의 상승작용이 일어난다.

신입 경력직원은 중견기업에 주로 근무하면서 다양한 분야를 경험했는데, 그 점은 칭찬해줄 만하다. 그런데 글로벌 회사는 여러 가지 일을 잘하는 것보다 한 가지를 남보다 잘하는 경쟁력과 차별화를 요구한다. 한 분야의 전문화된 시스템을 만들고, 나아가 통합된 리더십으로 팀을 이끌어 가야 할 책임이 따른다. 내 분야는 내가 잘하면 된다. 다른 분야는 다른 사람이 잘할 것이다.

어느 조직에서든 인력, 자본, 자원 등 가용자원은 한정되어 있기에 전략적 선택을 한다. 대부분 기업이 여러 가지 제품을 출시하지만, 회사를 먹여 살리는 대표 브랜드는 한두 개에 불과하다. 어찌 보면 한 브랜드 제품을 위한 그 외의 제품이 구색용으로 존재한다고도 할 수 있다. 인력 구성에도 핵심 인재를 위해 여러 직원이 보조해 주는 것과 같다.

선택과 집중을 강조하는 데는 기업들이 1등이 아니면 살아남을 수 없다는 절박함이 묻어 있다. 글로벌 시장은 경쟁력 있는 대표선수로 내세울 수 있는 브랜드가 있어야 살아남을 수 있는 경쟁 체제로 바뀌고 있다.

나는 직원을 채용할 때 몇 가지 중점을 두는 것이 있다.

❶ 기본적인 자질(인성)을 파악한다.

사람의 됨됨이는 성장하는 과정에서 형성되기 때문에 쉽게 바뀌지 않는다. 모르는 것은 배우면 되고, 적응이 어려우면 동료들에게 먼저 다가가면 해결된다. 그러나 인성이 반듯하지 않으면 지식이 독이 되고, 일하면서 사람들에게 상처를 주게 된다. 의식적으로 좋은 사람이 되려고 애를 써보지만, 상황이 불리하면 본성이 금방 드러난다. 의식적으로 기억하고 다짐하지 않으면 무의식적으로 본성으로 돌아가는 성질을 가지고 있다.

❷ 문제해결 능력을 파악한다.

방대한 문제를 어떤 방향으로 읽고 정리하는가를 검토한다. 매번 부딪히는 문제를 가장 효율적이고 스마트하게 해결해야 하는 것이 업무상의 문제다. 문제를 어떻게 접근해서 어떤 방향으로 풀어나가야 하는지, 전체적인 줄거리에 대한 지식이 필요하다.

일을 풀어가는 능력은 어떤 상황이 발생했을 때 가장 합리적이고 논리적인 사고로 문제에 접근하여 올바르게 해결하는 능력을 말한다. 문제가 발생했을 때 사실을 확인하여 원인을 분석하고 다양한 대안을 도출하여 최적의 해결책을 찾아가는 능력이 필요하다.

❸ 소통 능력을 점검한다.

작업의 결과를 다른 사람에게 쉽게 전달하는 커뮤니케이션을 본다. 소통하기 위해서는 상대방의 느낌, 감정, 생각 등을 이해하고, 감정이입이 공감의 능력으로 나타난다. 상대방과 대화를 나누거나 문서를 통해 의견을 교환할 때, 상대방이 의도하는 내용을 이해하고, 자신의 의사를 정확하게 전달할 수 있는 능력이 있어야 한다.

아무리 좋은 프로젝트라도 구성원들 간에 충분한 소통이 없으면 적용하는 데 문제가 생겨 협업의 실효성에 부딪힌다. 항상 자신의 입장에서 소통하는 것이 아니라, 상대방의 눈높이에서 원활한 소통이 이루어지도록 해야 한다. 전달자가 전문가이고, 수급자가 비전문가일 경우 전문용어를 쉽게 풀어 알아듣도록 전달해야 소통이 된다. 소통에 문제가 생겨 업무에 차질이 생기는 것은 변명의 여지가 없다.

❹ 과거 성공체험이 있는지 살핀다.

과거에 성공한 경험에 취해 현실을 가볍게 여기는 경우가 있다. 성공한 경험은 큰 자산임과 동시에 성장을 가로막는 양날의 칼이 될 수 있다. 세계의 패러다임이 빨라 과거를 제자리로 돌릴 수 없는 것처럼, 생각의 프레임에 갇히는 우를 범하지 말아야 한다.

중국 속담에 '장강(長江)의 뒷물이 앞 물을 밀어낸다.'라는 말이 있다. 새사람이 옛사람을 대신하고, 새로운 시대는 새로운 사람을 요구한다는 말이다. 새로운 환경을 이해하고 적응하는 인물은 시대에 따라 준비된 자들이다. 올바른 방향과 기준에서 창조적인 사람이 나온다.

❺ 리더십이 있는지 본다.

리더는 많지만 뛰어난 리더십을 발휘하는 사람은 드물다. 리더십을 지도력으로 생각하지만, 일부분에 불과하다. 자기 스스로 비전을 제시하고, 공동체가 필요한 일을 찾고, 그 직무를 차질없이 수행하는 능력이 리더십이다.

리더십을 가진 사람은 그렇지 않은 사람보다 입사 초기부터 퍼포먼스(실적) 차이가 뚜렷함을 알 수 있다. 리더십은 많은 과제를 효과적으로 수행한 리더에게서 나온다. 어떤 사안에 대해 비판 자체로 끝내는 사람보다, 비판과 대안을 함께 제시하는 사람이 어디서든 인정받고 성공할 확률이 높다.

오늘날의 글로벌 회사는 1,000명, 1만 명, 10만 명을 먹여 살릴 엑설런트한 인재 한 사람을 찾는 추세다. 공산주의의 월급제는 100사람이 100걸음 간다는 논리지만, 자본주의 연봉제는 한 사람이 100걸음 간다는 논리다. 사람이 많으면 말이 많고 부대비용도 많이 든다. 사람을 관리하는 또 다른 인력이 필요하다. 성과를 내는 한 사람에게 연봉을 몰아주면 관리하기도 편하고 심플해서 좋다.

옛날에는 인재를 채용할 때 '그물형'으로 한꺼번에 뽑았다. 지금은 전문성이 필요하거나 스타급 인재는 '낚시형' 채용을 선호한다. 여기서 전문성은 실적도, 성취도, 어학 능력을 말한다. 비즈니스 환경이 수시로 급변하는 글로벌 시장에 대응하는 능력이 중요하다. 직원의 가장 기본적인 자질은 직면한 '문제해결 능력'이다. 기업이 지향하는 어떤 패턴을 읽어내는 능력, 즉 통찰력과 문제 적용 능력이다.

통찰력과 문제 적용 능력은 단시간에 습득되는 것이 아니다. 오랜 공부와 경험을 통해 조금씩 쌓이는 것이다. 경험은 좋은 경험만 의미하는 것은 아니다. 나를 힘들게 한 경험, 아픈 경험, 분노했던 경험, 슬픈 경험, 깊이 좌절했던 경험 등은 모두 인생에서 만나는 고마운 스승이다.

마이너리그에서 메이저리그로

우리나라 사람들은 '빨리빨리'를 입에 달고 산다. 엘리베이터를 타서도 몇 초를 기다리지 못하고 문 닫힘 버튼을 누른다. 항상 조급하여 잠깐이라도 기다리지 못한다. 음식점에서도 주문한 음식이 빨리 나오지 않는다고 직원에게 소리치고 나무란다. 빨리하지 않으면 불안을 느끼고, 조금만 늦어도 뒤처진다고 생각한다.

운전하면서 앞차에 붙은 스티커를 보고 실소를 금치 못했다.

'주님, 제게 인내를 주시되 지금 당장 주십시오.'

인내는 당장 필요한 일회성이 아니라, 목표에 도달할 때까지 계속 필요한 것이다. 인내는 목표를 완성한 후에 보상받는 선물이다. 목표를 이루지 못하는 이유는 대부분 실력이 부족하거나 환경이 나빠서가 아니라 인내가 부족하기 때문이다. 인내하지 못하고 지치면 진다. 인내에 미치면 이긴다. 인내는 현실 너머에 있는 것을 보는 힘이 있다.

미국 마이너리그에는 200개가 넘는 구단에서 8,000명 이상의 선수들이 뛰고 있다. 이들은 모두 어렸을 때부터 지역에서 이름을 날리던 유망주들이다. 마이너리그가 최종 목표인 사람은 아무도 없다. 하지만 이 중에 불과 3%만이 메이저리그 입성이라는 꿈을 실현한다.

꿈에 그리던 메이저리그에 진출해도 경쟁은 더 치열하다. 대다수의 선수들은 메이저리그에서 고작 3년밖에 활약하지 못한다.

야구 에이전트인 스캇 딘 보라스(Scott Dean Boras)는 보라스 코퍼레이션의 대표다. 그는 체계적인 시스템으로 관리하면 11~15년 동안 선수 생활을 할 수 있다고 강조했다. 될성싶은 나무의 떡잎부터 알아보는 시스템으로 유명하다. 에이전트 회사에는 파트별 전문가 그룹이 있다. 경제학자, 엔지니어, 변호사, 전담 트레이너, 의학 전문가가 체계적으로 프로그램을 관리한다. 무슨 분야든 오늘날의 성공은 옛날의 성공 방식과 엄청 다르다.

물론, 운동은 타고난 재능과 기초체력이 뒷받침되어야 한다. 또 의지력과 참고 견디는 인내력, 정신력(멘탈), 학습능력도 매우 중요한 요소다. 무엇보다 이 요소들을 최적화할 수 있는 방법을 찾아주는 전문가가 필요하다. "성공한 사람은 태어나는 것이 아니라 만들어진다."는 말이 있듯이, 체계화되고 정보화된 데이터베이스를 맞춤형으로 활용한다.

그러나 프로그램이 빈틈없이 완벽해도 그것을 소화하려면 '인내'가 필요하다. 인내는 분명한 목표가 보이기 시작할 때 더 힘을 내게 한다. 선수들은 일정한 시간이 흘러도 마이너리그에서 메이저리그로 입성하지 못하면 거의 포기해버린다. 의지와 목표가 희미하면 인내를 감당할 만한 에너지가 고갈되기 때문이다. 실패가 가져오는 상실감은 이루 말할 수 없다. 그러나 현실 너머에 있는 한 조각의 희망이 비로소 얼굴을 내밀 때까지 멈추지 않으면 된다.

1980년대 초까지만 해도 가난한 지방 학생들은 악착같이 공부하여 명문대학에 진학했다. 그러나 지금은 개천에서 용이 나는 시대가 아니다. 명문대 진학률도 부익부빈익빈(富益富貧益貧) 현상이 뚜렷하다. 체계적인 맞춤형 과외수업으로 학습지도를 받는 학생과 그럴 형편이 안 되는 가난한 학생은 애당초 기울어진 운동장에서 경쟁하는 것이다.

세계 기업들의 평균 수명은 13년에 불과하다. 창업하고 30년이 지나면 기업의 80%가 사라진다. 엄밀히 말하면, 기업이 사라지는 것이 아니라 사람이 사라지는 것이다.

기업이 해가 거듭될수록 시장에서 자취를 감추는 이유는 작년보다 도드라지게 매출이 감소하거나 생산시스템이 중단되었기 때문이 아니다.

그러면 무엇이 기업을 사라지게 하는가?

'보통 사람이 할 수 있는 일'을 하면 기업은 당연히 사라지게 되어 있다. 반대로 기업을 살리려면 보통 사람이 엄두도 못 내는 일을 '해내는 사람'이 있어야 한다. 그럼, 해내는 사람은 대단한 일을 해내는 것일까? 아니다. 남보다 1%의 생각을 5%로 끌어 올리는 일을 해내는 것이다.

누가 일을 잘하는가? 매일 지속적인 일을 '생각하면서' 하는 사람이다. 누가 정상에 오르는가? '중단하지 않고' 한 걸음씩 내딛는 사람이다. 누가 외국어를 잘하는가? 일주일 분량을 몰아서 하루에 하는 사람보다 '쉬지 않고' 매일 한 문장씩 외우는 사람이다.

1% 더 생각하라.

책임자가 1% 더 생각하면 현장에서 5% 매출 증가로 나타난다.

1% 더 열망하라.

리더가 1% 더 열정을 가지면 5%의 시너지 효과가 나타난다.

1% 더 학습하라.

직원이 1% 더 학습하면 잠재적인 5%의 상승효과가 나타난다.

1% 더 혁신하라.

CEO가 1% 더 혁신하면 5%의 경쟁력과 차별화로 나타난다.

1% 더 실행하라.

전 직원이 1% 더 실행하면 글로벌 회사가 된다.

기필코 해내는 사람은 큰일을 작은 일로 쪼개서 시도하고, 어렵지 않은 것으로 연결한다. 태산을 들어낼 때도 돌멩이 하나 치우는 것부터 시작한다. 이루기 어려운 목표를 작게 나누어서 '스몰 스텝'으로 하나씩 성취하면 된다. 사람도 과거에 익숙한 습관을 하나씩 하나씩 들어내는 시간이 필요하다.

세계 변화의 사이클이 갈수록 빨라져서 위기 대처의 타이밍을 맞추기가 쉽지 않다. 너무 빨리 타이밍을 잡아서도 안 되고, 그렇다고 너무 늦게 타이밍을 잡아서도 안 된다. 그렇다면 위기 자체의 문제가 아니라, 위기를 어떻게 맞이하고 대응하는가의 문제인 셈이다. 실패를 두려워하지 않으면 한계는 스스로 무너지게 되어 있다. 가장 경계해야 할 것은 실패가 두려워 변화와 혁신의 대안을 내놓지 않고 지금의 현상을 유지하려는 안일함이다.

위기가 없다면 혁신도, 도전도, 창조도, 비전도 새롭게 맞이할 수가 없다. 위기 때문에 새로운 가치를 만들고, 앞으로 나아가야 할 이유를 발견하는 것이다.

사람들은 혁신의 아이콘 스티브 잡스의 성공비결을 뛰어난 직관력과 통찰력 그리고 고집스러운 인내라고 정의한다. 인내는 힘들어도 자신에게 불평하지 않고, 다음 단계를 보면서 꿋꿋하게 견디는 힘을 의미한다. 꿈이 인내를 덮을 만큼 크고 뚜렷하지 못하면 지속할 수 있는 동력이 고갈되어 버틸 수가 없다. 사람을 미치게 하는 것은 절망이 아니라 희망이다. 희망의 끈을 놓지 않게 절망의 언덕에서 인내하며 매달려야 한다.

기꺼이 인내하자. 참고 버티고 견뎌내는 이유는 얻을 보상을 기대하기 때문이다. 인내에 비례해서 성공의 크기가 결정된다. 인내하지 못하면 희망은 모래처럼 손에서 빠져나가고 다시 기약 없는 시간과 마주해야 한다.

수많은 도전도 '인내' 앞에서 맥없이 쓰러지고, 패배자로 전락한다. 인간이 버티고 견디는 시간을 가장 힘들어하는 이유는 미래에 대한 두려움과 불안 때문이다. 두려움과 불안이 생각을 무디게 하여 행동을 앞서게 만들고 일을 더욱 꼬이게 한다. 생각이 무뎌지지 않게 자신을 돌아보고 성찰할 시간을 가지면서 '일은 원인부터, 공부는 기초부터, 사랑은 나부터, 목표는 작은 것부터' 시작해야 한다. 그렇게 하나하나 다져 나가면 된다.

커넥터의 통찰력이 필요하다

경영학에서 자주 사용하는 '파레토의 법칙'은 어느 조직이든지 대체로 20%의 사람들이 80%의 일을 한다는 법칙이다. 소득분포도 마찬가지로 20%가 전체 부의 80%를 차지하고 있다. 이 법칙은 자본주의 소득 양극화 현상을 단적으로 보여 주는데, 지금은 부의 편중화가 더 심화되고 있다. 〈포브스〉에서 조사한 바에 따르면, 전 세계 상위 8.6%가 85.6%의 부를 소유하고 있는 것으로 나타났다.

우리나라도 이 수치를 따라가고 있는 형국이다. 삼성전자, 현대자동차, SK, LG 등 4대 그룹이 30대 그룹 총수익의 80%를 차지한다. 우리나라 상위 4% 소득자가 전체 종합소득세의 70%를 담세(擔稅)한다.

월급쟁이 10명 중 4명은 소득세를 내지 않고 환급을 받는다. 자영업자도 10명 중 4명은 과세 기준에 미달하거나 감면제도를 통해 소득세를 내지 않는다. 영세 자영업자의 절반은 부가가치세도 거의 안 낸다.

'소득 있는 곳에 세금 있다.'는 말이 무색하다.

그러나 성공의 법칙에서는 80% 일을 진행했더라도 성공한 것이 아니다. 그 남은 20% 때문에 80% 한 일이 제로가 된다.

바다와 육지의 면적은 78:22이다. 우리 인체에서 물의 비율도 78:22이다. 유대인들은 성공확률이 78:22이면 최적의 투자조건이라고 한다. 유대인들은 규모의 경제로 자금을 움직이기 때문에 일반인은 꿈도 꾸지 못할 확률을 가지고 이윤을 남긴다. 주식투자자들도 7~8부 능선에서 매도하고, 2~3부 능선에서 매수한다. 무릎에서 사서 어깨에서 팔라는 말이다.

인간은 가진 게 많은데도 더 많이 가지려는 욕구가 있다. 무엇을 해야 더 많이 가질 수 있는지 아는 것과 실제로 아는 것을 실행에 옮기는 것은 전혀 다른 문제다.

생각에만 머무르지 않고 새로운 변화에 뛰어들어야 한다. 혁신은 적극적으로 신시장을 개척하는 아웃사이트(Outsight) 정신에서 시작된다.

글로벌 회사들이 두둑한 보유금으로 기업의 인수합병(M&A)에 적극적으로 나서고 있다. 기업의 내적 성장한계를 극복하고, 신규사업 확장에 소요되는 기간과 투자 비용의 절감, 경영사의 노하우를 통해 기업의 가치를 단기간에 높이는 합병이 빈번하게 이루어지고 있다. 이를 통해 신수종 사업을 찾아 시너지 효과를 내고 싶어 한다.

구글이 유튜브를 16억 달러(1조 7,600억 원)에 인수했고, 메타는 인스타그램을 10억 달러(1조 1,000억 원), 야후는 텀블러를 11억 달러(1조 2,000억 원)에 인수했다. 구글이 안드로이드 스마트폰 OS(Operating System) 시장의 압도적 점유율을 믿고 모토로라를 125억 달러(13조 5,000억 원)에 인수했는데 완전 패착이다. 대신 구글은 미국 전체 인터넷 검색의 3분의 2, 전 세계 70%가 구글 검색을 사용할 정도로 빅데이터의 추종을 불허한다.

삼성은 2016년 해외기업 인수 역사상 역대 최대 규모로 미국 자동차 전장업체 하만(음성처리 오디오 기술, 자율주행용 ADAS, 디지털 계기판 생산)을 9조 4,000억 원에 인수했다. 아직 영업이익은 미미하다. 삼성전자가 보유한 101조 원으로 메가급 인수합병을 추진할 것이라는 관측이 계속 언론에 보도되고 있다.

삼성전자는 기존 사업모델에 시너지 효과를 낼 수 있는 신수종 사업을 발굴하기 위해서 자체 기술개발뿐만 아니라, 외부 새로운 사업모델 수혈을 통해 신시장 개척에 적극적으로 나서고 있다. 하만과 시너지 효과를 낼 수 있는 M&A로 네덜란드 NXP 차량용 반도체가 좋은 모델이었는데, 문제는 차량 반도체 수요가 폭발적으로 늘면서 2019년 NXP 시가총액이 29조 원 정도에서 지금 72조 4,000억 원까지 치솟은 것이다. 2년 만에 2배 이상 올라서 부담이다. 배터리와 수소를 이용하는 전기 자동차, 자율주행 자동차가 보편화되어 가는 추세다.

다음으로 바이오, 전장, 로봇이 눈에 들어온다. 바이오 제약산업이 국가의 차세대 성장동력으로 각광 받고 있다. 전 세계 시장규모는 1,200조 원으로 우리나라 기반산업인 자동차, 반도체 시장규모의 2~3배다. 고령사회로 접어들수록 다양한 질환 치료에 대한 수요가 증가하기 때문에 부가가치도 커지는 산업이다. 우리나라 제약산업의 규모는 세계 14위권이다. 지금까지 '복제약' 중심으로 양적 성장을 했기 때문에 '혁신 신약'을 중심으로 질적 성장을 추구해야 한다. 삼성바이오로직스는 올해 상반기에 5공장을 착공하고, 글로벌 위탁생산(CMO) 1위의 입지를 굳히고 있다.

또한 삼성은 조직을 개편하고, 로봇사업 태스크포스(TF)를 로봇사업팀으로 격상하여 AI와 결합한 로봇산업을 본격화하고 있다. 기업이 합종연횡(合從連衡)하는 것은 살아남기 위한 자구책으로 '다리(Bridge)'에 비유할 수 있다. 팀과 팀을 연결하고, 새로운 프로젝트를 개발하고, 회사와 회사 사이에 합작 투자, 협업이 가능한 분야를 기획하고 만들어 간다.

기업이나 개인이나 큰 그림을 봐야 한다. 빅 픽처를 보기 위해서는 외부에서 얻은 통찰력 즉 아웃사이트(Outsight)가 필요하다.

새로운 경험을 즐기고, 익숙한 곳에서부터 낯선 곳으로 나아가야 한다. 홍미롭고 새로우면서도 독특한 방식으로 연결하는 사람을 '커넥터(Connector)'라고 한다. 커넥트의 통찰력이 필요한 시대다.

인간에게 일어나는 많은 불행한 일은 '할 수 있는 일'과 '할 수 없는 일'

두 가지를 혼동하는 데서 비롯된다. 할 수 있는 일을 하지 않으면 게으른 것이고, 할 수 없는 일을 하는 것은 무모한 것이고, 할 수 있는 일을 하지 못하면 무능한 것이다.

가능성과 불가능성의 한계선(限界線)을 분명히 긋는 것은 매우 현명하고 꼭 필요한 일이다. 그런데 접근하는 방법이 서툴고, 기본 계획과 전략의 부재로 능력을 발휘하지 못하는 경우가 있다.

여러분은 자신의 커리어를 위해서 여러 회사나 기관에서 일할 것이다. 새로운 일을 시작할 때마다 1%의 생각의 변화가 최소한 5%의 혁신을 가져온다는 것을 잊지 말아야 한다. 글로벌 시장에서는 '1%의 기술 혁신'이 승자의 독식을 가져오는 특징이 있기 때문이다.

잠재력을 가진 개인이나 집단은 탁월한 리더를 만나면 할 수 없었던 일을 하게 되고, 할 수 있는 일은 더 잘하게 된다. 그래서 리더 한 사람의 역량이 인생을 바꾸고, 티핑포인트(Tipping point)의 변화를 가져오고 경험케 한다. 누군가의 다양한 생각 중 작고 단순한 아이디어 하나가 사장될 수도 있는 하찮은 것으로 여겨질 수도 있지만, 누구에게 어떤 루트로 전해지느냐에 따라서 아이디어의 가치가 달라지는 경우가 종종 있다.

사람도 마찬가지다. 한 사람이 가지고 있는 잠재적인 능력이 영향력 있는 커넥터(Connector)를 만나면 작은 씨앗이 큰 나무로 자라 열매를 맺고, 나그네에게 그늘을 제공하는 숲이 된다. 위대한 일도 처음에는 남들이 눈길 한 번 주지 않았던 작은 일에서부터 시작되었다.

해답이 없는 문제는 없다

부자의 생각은 언제나 도전적이고 긍정적이다. 큰 부자는 유연하다. 생각이 창조적이고 통합적이고 다각적이다. 하지만 빈자의 생각은 언제나 수동적이고 부정적이다. 생각이 고정적이고 답습적이며 획일화되어 있다. 그래서 빈자는 문제가 발생하면 좋은 해결책을 제시하지 못한다.

일반 사람도 반짝 성공하거나 단기간에 돈을 벌 수는 있다. 그러나 투기가 아닌 투자를 증명해 나가는 데는 오랜 시간이 필요하다. 문제에 쉽게 노출되고 해결할 장치가 없어서 쉽게 매몰되는 사람은 한순간 돈을 벌었어도 다시 가난한 자기 자리로 돌아간다.

사람마다 문제를 대하는 태도가 다르다. 특히 남자와 여자는 물건을 보는 시각이 다르다. 카메라를 사면 남자는 '저걸로 찍으면 어떤 구도에서 해상도가 좋을까?' 생각하는 반면에, 여자는 '저걸로 나를 찍으면 얼마나 예쁘게 나올까?'를 생각한다. 남자는 자동차를 구입할 때 '기능'에 초점을 두고, 여자는 '자동차를 누구와 타고 어디로 갈까?'를 고민한다. 옷을 사도 남자는 '입으면 편할까?'를 생각하고, 여자는 '입었을 때 내 몸매가 얼마나 날씬해 보일까?'를 고려한다. 남자는 기능(성능)에 열광하고, 여자는 분위기와 이미지에 환호한다.

직장을 다니는 사람들의 태도도 각각 다르다. '나는 단지 월급쟁이다.'라고 여기며 직장에 다니는 사람이 있고, 반면에 '나는 이 회사의 한 부분을 책임지고 있는, 작지만 중요한 일을 하는 직원이다.'라고 생각하는 사람도 있다. 자신의 커리어를 책임질 사람은 나 자신밖에 없다. 안정적인 직업뿐만 아니라 성공으로 이끄는 일을 찾고 싶다면 '경영자'처럼 생각하고 일해야 한다. 해답을 찾아가는 창조적 소수자(Creative minority)가 기업을 일으키고 혁신을 추구하며 생태계를 만들어 간다.

'메기효과(Catfish effect)'라는 말이 있다. 미꾸라지만 있는 어항에 메기 한 마리를 집어넣으면 미꾸라지들이 메기를 피해 다니느라 생기를 얻는다. 미꾸라지를 장거리 운송할 때 수족관에 메기를 넣으면 미꾸라지가 죽지 않는다. 메기로 미꾸라지를 생존시키는 현상을 기업경영에 접목한 것이 메기효과다.

기업도 메기효과를 통해 조직의 정체 현상을 극복하고 동기를 부여한다. 다면평가제도, 직무심사와 성과급제도, 진급제도, 우수직원 이동등으로 경쟁을 통해 조직의 활력을 불어넣고, 생산성을 높이는 데 활용한다.

문제가 있을 때 답을 찾으려는 노력이 인류 역사의 진보를 가져왔다. 오히려 문제를 만들고 헤쳐나가면서 여러 상황과 환경 변화에 대응하고 내부 역량을 결집했다. 인간은 위기를 기회로 만들어 갈 때 만족과 보람을 얻는 존재다.

다만, 문제가 문제로 인식되지 않아야 하고, 문제가 문제로 남지 않도록 해야 한다. 문제가 그대로 남아 있을 때 그다음으로 넘어갈 수 없다. 문제의 딜레마에 빠지면 갈 길을 잃어버린다.

대부분 문제는 하나만 있는 것이 아니라, 얽히고설킨 복합적인 문제와 연결되어 있다. 시스템의 문제인지, 제도적인 문제인지, 사고방식의 문제인지, 얽히고설킨 실타래를 풀 듯이 원인을 찾고, 조금씩 문제에 접근하다 보면 길이 보이기 시작한다.

얽힌 실타래를 잡아당기면 더욱 꼬이게 마련이다. 그렇다고 가위로 잘라내면 풀어야 할 이유가 없어진다. 문제를 한 가닥, 한 가닥 풀어내는 기술과 인내가 필요하다.

문제가 존재하는 것이 문제가 아니다. 문제를 만났을 때 피하는 태도가 문제다. 피하면 피할수록 더 큰 문제가 나타나기 마련이다. 주위에 전혀 문제없이 잘 살아가는 사람이 있다면, 그렇게 보일 뿐이지 문제가 없는 것은 아니다. 문제는 늘 있지만, 문제를 문제로 여기지 않아야 한다.

언젠가 "사는 것이 왜 이리 복잡하냐?"라고 말하는 친구에게 문제가 전혀 없는 조용한 곳을 가르쳐 주었다. 그곳은 바로 '공동묘지'다. 문제가 없는 삶이 좋은 것만은 아니다. 만약 우리를 힘들게 하는 문제를 모두 들어내어 버린다면 우리 삶의 절반은 빈껍데기로 남을지도 모른다. 시냇가에 있는 돌들을 모두 치워버리면 시냇물 소리를 들을 수 없는 것처럼 말이다.

문제를 대하는 태도에서 답을 찾아야 한다. 문제없이 잘 살아가는 사람은 문제를 남겨두지 않고, 그때그때 해결하는 습관을 가지고 있다.

가난한 자는 만나는 문제마다 피하려고 하고, 부자는 문제를 만나면 적극적으로 해결하려고 덤벼든다. 가난한 자는 문제를 대할 때 쉬운 것을 더 어렵게 만들고, 부자는 어려운 것을 쉽게 해결하는 능력이 있다. 쉬운 것은 쉽게 가고, 어려운 것은 어렵게 가야만 답이 보인다. 어려운 일을 단순하고 쉽게 풀어가는 것이 능력이다. 능력은 남이 어렵게 하는 것을 쉽게 해결하는 것이다. 능력 있는 사람의 손에 붙들리면 복잡한 문제도 의외로 단순하게 해결된다.

문제에 벽을 세우고 해결책을 찾으려 전전긍긍하지 말고, 먼저 내 수준에서 차근차근 해결할 수 있는 문제가 의외로 많다는 것을 아는 게 중요하다. 그러면 문제에 직면할 때마다 무엇이 잘못되고 있는지 집중하게 되고, 해결 방법을 찾으면서 내 인생의 그릇도 커진다.

사람마다 문제를 풀어가는 방식이 다를 뿐, 해답은 하나다. 스티브 잡스는 "단순한 것이 아름답다."는 모토로 아이폰을 개발했다. 무엇을 추가해야 할지 고민하기보다는 무엇을 뺄 것인가를 먼저 고민했다고 한다. 우리는 무언가 만들어 내려고 할 때, 무엇을 추가해야만 차별화된 것이 나온다고 생각한다. 덧셈이 좋을 때도 있지만, 뺄셈이 좋을 때도 있다.

골프도 어깨에 힘을 빼는 연습을 반복해야만 잘 칠 수 있다. 힘을 빼야만 원하는 지점에 공을 올려놓는 매끄러운 스윙이 나온다. 사람이 많은 문제를 안고 있는 것이 외부적인 요인 같지만, 실제로는 내면에서 시작하는 경우가 대부분이다.

디바이스도 복잡성을 단순화할 때 사람들이 찾는다. 그 단순한 가치를 인정하고 지갑을 열게 된다. 생소한 초기 기기는 단순해야만 누구나 편리하게 사용할 수 있다. 타사의 관계자들은 아이폰이 출시되었을 때 100만 대 이상 팔기 어려울 것이라며 무시했다. 그런데 아이폰이 시장에 나온 지 4년 만인 2011년에 1억대 판매를 돌파했다. 아이러니하게도 모토로라는 2011년에 구글에 넘어가는 운명을 맞이했다.

모든 사람이 발명가(Inventor)는 될 수 없지만, 누구나 혁신가(Innovator)는 될 수 있다. 혁신가는 선택과 집중에서 해답을 찾고 문제를 풀어가는 해결사다. 사용 가능한 자원으로 새로운 길을 만드는 사람이 혁신가다.

해답이 없는 문제는 없다. 다만 해답을 찾기가 어려울 뿐이다. 역경과 장애물도 바로 나 자신에게서 해답을 찾아야 한다. 해답의 절반은 문제를 대하는 태도에서 찾을 수 있다.

'거센 물살'이란 문제가 있다면, 거슬러 올라가라. 거슬러 올라가는 것이 버거워서 포기한다면, 이름 모르는 곳으로 떠내려갈 것이다. 거센 물결을 두려워하지 않고 거슬러 오를 수 있는 물고기의 역동성이 필요하다. 이 힘으로 우리는 가치를 평가받고 존재하는 것이다.

이 세상에 쉬운 건 없지만, 못할 것도 없다

'불가능은 없다.'라는 말을 자주 듣는다. 이 말을 곧이곧대로 해석하면 안 된다. 이 말은 불가능한 실제 상황을 말하는 것이 아니라, 정신적 힘과 인내를 의미하는 것이다. 불가능이 없다는 신념으로 매달리지 않으면 성취되는 일이 없기에 불굴의 도전정신과 인내로 부닥쳐보라는 뜻이다.

'불가능은 없다.'라는 말은 '불가능한 일이 훨씬 많다.'는 역설적 표현이기도 하다. 가능한 일이 많으면 굳이 불가능이 없다는 말이 회자되지 않을 것이다.

무엇이든 쉽게 성취되는 것은 금방 빛이 바래고 옅어지게 마련이다. 성공의 카펫은 무지개의 빛깔로 한 번에 깔리지 않는다. 성공은 목표지점이 선명하게 드러나는 것이 아니라, 마디마디로 분리되어 끊어질 듯 연결되어 있다. 이것은 지금 실패가 실패가 아니고, 지금 성공이 완전한 성공이 아니라는 것을 의미한다.

사람들은 인생을 끊어서 보려고 하지만, 하나님은 우리의 인생을 통으로 연결해 보신다. 목표를 향해 달려가다가 넘어지기도 하고, 걱정으로 잠을 이루지 못하기도 하고, 때로는 모든 것을 포기하고 뒤돌아서는 과정을 수없이 반복하고 수정해서 올라가는 곳이 정상이다.

나는 이 책을 저술하면서 한 가지 큰 깨달음을 얻었다. 원고를 써서 출판사에 넘기고 인쇄가 되면 더는 수정할 수가 없다. '고칠 수 있을 때' 고치는 사람이 지혜로운 사람이다. 그 시간이 축복의 시간이다. 우리 인생도 마찬가지로 고칠 수 있을 때 고치고, 보완할 것이 있으면 보완하고, 수정할 것은 수정해야 한다. 고칠 수 있다는 것은 기회가 아직 있다는 뜻이다. 누구에게나 고칠 수 없는 시간이 반드시 온다.

더 늦기 전에, 더는 고칠 수 없는 때가 오기 전에 고쳐야만 덧없이 지나가는 인생을 후회하지 않는다. 희로애락의 인생을 살면서 후회할 일이 없을 수는 없겠지만, 인생에서 한 번도 하고 싶은 일을 시도해보지 못하고 노년을 맞이하는 것만큼 슬픈 일은 없다.

크든 작든 꿈이 없는 사람은 없을 것이다. '해야 한다'는 사명감, '할 수 있다'는 신념, 그리고 '하지 않으면 안 된다'는 의지가 있어야 한다. 누구나 시도할 수 있지만, 누구나 성공하는 것은 아니다. 그러나 시도하지 않으면, 최고의 삶을 사는 것을 포기해야 한다.

성공의 키워드(Key word)에는 분명한 로드맵이 있다.

❶ 선택(Choice)이다.

우리는 크고 작은 것을 하루에도 수십 번 선택하고 결단해야 한다. 선택을 위해 존재할 정도로, 선택에 의해 운명까지도 좌우되는 선택의 굴레에서 벗어날 수가 없다.

어느 설문조사를 보니 '가장 후회하는 선택이 무엇인가?'라는 질문에 '배우자를 잘못 선택했다.'라고 응답한 사람들이 가장 많았다. 그다음이 '직업을 잘못 선택했다.'였다. 이것은 인생에서 가장 중요한 선택이다. 과거에 선택한 것을 운명처럼 받아들이고 살고 있다. 팔자소관이라 생각하면서 살아갈 수밖에 없는 선택은 선택을 위한 선택이다. 이것을 '선택의 딜레마'라고 한다. 지금 선택한 것은 당장 끝날 수도 있지만, 앞으로 수십 년을 감당해야 할 수도 있다.

고등학교 때 생각 없이 전공을 선택한 것이 평생의 직업이 되어버리고, 배우자를 선택한 것으로 50년 이상 지지고 볶고, 한 이불을 덮고 자야 하는 운명이다. 순간의 선택이 가혹할 수도 있지만, 우리는 운명이라는 말로 위로받고 산다.

❷ 비전(Vision)이 분명해야 한다.

인생의 로드맵을 실현 가능한 목표로 구체적으로 만들고, 지속하여 나아가고 있는지 늘 확인해야 한다. 함께할 수 있는 공동체를 만들라고 권하고 싶다. 혼자 가면 빨리 갈 수는 있지만, 멀리 가지는 못한다. 원대한 꿈을 품고, 지치지 않고 멀리 갈 수 있는 채비를 함께하라. 처음에는 멘토를 찾고, 그다음은 서로가 힘들 때 어깨동무할 수 있는 동역자를 찾아라.

교통체증으로 길이 막혀도 공중의 지배자 독수리는 걱정할 것이 없다. 높이 날아오르면 된다. 우리의 비전이 한 차원 높은 곳에 설정되어 있다면 일상에서 사소하게 벌어지는 것들은 부스러기에 불과하다. 설령 더는 오를 수 없는 막다른 길에 봉착했다고 할지라도, 비전은 언제나 한계에서 더 뚜렷하게 나타나는 법이다.

생텍쥐페리는 말했다. "미래에 관한 한 그대의 할 일은 예견하는 것이 아니라 그것을 가능하게 하는 것이다."

❸ 도전(Challenge)이다.

실패가 두려워서 시도하지 않는 것보다, 실패하더라도 시도하는 것이 훨씬 낫다. 실패하는 것을 당연하게 생각하면, 성공하는 것을 당연하게 생각할 때가 반드시 온다. 실패하지 않고 성공한 사람은 하나도 없기에 낙담하거나 두려워할 필요가 전혀 없다. 모두가 성공하기 위해서 실패한다. 경력을 쌓으려고 실패하는 사람도, 시간이 많아서, 가르치려고 실패하는 사람도 없을 것이다.

실패하고 버벅거리는 것은 부끄러운 게 아니다. 처음부터 잘하는 사람은 아무도 없다. 오히려 시도조차 하지 않는 게 부끄러운 일이다. 나만 실패하는 것 같아 숨고 싶을 때가 있을 것이다. 다시 시도해보겠다는 생각이 무모하다고 여겨지는 것은 당연하다. 하지만 성공한 사람의 거듭된 실패는 감추어지고 성공만 보이는 이유는 성공은 모든 것을 덮고도 남음이 있기 때문이다.

배는 항구에 있을 때 가장 안전하지만, 안전한 곳에만 머무르려고 만들어진 것은 아니다. 배를 만든 목적은 바다의 거센 풍랑을 헤치며 폭풍우를 뚫고 목적지까지 데려다주는 용도로 사용하기 위함이다. 강을 건너는 데 필요한 거룻배가 있고, 거친 바다를 항해하는 군함이 있는 것처럼, 용도에 따라 사용되는 그릇이 정해져 있다. 바다를 드나드는 함정은 강물에서는 항해할 수 없다. 용은 개울에 몸을 숨길 수 없고 구만리장천(九萬里長天)을 비상해야 한다.

우리가 도전하는 이유는 사람들을 감동시키기 위해서가 아니다. 최선을 다할 때만이 자신이 즐겁게 일할 수 있기 때문이다.

❹ 열정(Passion)이다.

열정이 있는 사람을 보면 가슴이 뛴다. 열정이 넘치는 사람을 좋아한다. 만나기만 해도 에너지가 전해지는 것 같다. 눈이 반짝반짝 빛나고, 호기심이 가득하다. 이런 사람은 무엇을 해도 잘할 것 같아서 믿음을 준다.

일을 잘하는 사람들의 공통분모는 '열정'이다. 열정이 있는 사람들은 항상 긍정적이고 진취적이다. 열정이 넘치는 사람은 어떤 일을 맡겨도 안심이 되는데, 열정이 없는 사람은 시작은 요란한데 항상 끝이 보이지 않아 답답하고 다른 사람의 손을 거치게 만든다.

열정이 넘치는 사람은 엉뚱한 발상으로 사고를 치고, 길을 만들어 가고, 그 길에 여러 사람을 끌어들인다. 열정이 있는 사람은 무엇을 해도 잘하게 되어 있다. 모든 일의 메커니즘에는 열정이 약방에 감초이기 때문이다.

인사고과에서 가장 후한 점수를 받는 사람은 현재의 성과보다는 앞으로 큰 성과를 낼 열정이 있는 사람이다. 무슨 일이든 시작하면 반드시 좋은 결과를 내기 때문이다. 열정은 일시적으로 나타나는 모습이 아니라, 꾸준한 행동습관에서 비롯된다. 열정도 습관이다.

❺ 집중(Concentration)이다.

성공의 화두로 '선택과 집중'이라는 말을 자주 한다. 중심이 없으면 가지만 무성하여 집중도를 떨어뜨린다.

예전의 기업 전략은 경영의 '다각화'였지만, 지금은 글로벌 산업구조가 '집중' 전략으로 갈 수밖에 없다. 개인이나 기업은 가용자원이 한정되어 있기에, 한 아이템에 집중하여 경쟁력을 극대화해야만 살아남을 수 있다. 시장에서 경쟁력이 없는 부분은 과감하게 포기하고, 승산이 있는 곳에 인력과 자본을 집중 투자해야 한다. 경쟁력을 확보하여 거리를 벌려 놓지 못하면, 미국과 일본의 하이테크 기술과 자본 그리고 중국의 저가 협공에 무너질 수밖에 없다.

글로벌 시장에서 생존할 수 있는 비즈니스모델을 확실하게 찾지 못하고, 경쟁 업종에 뛰어들었다가 넘어지는 경우를 종종 본다. 카멜레온처럼 급변하는 글로벌 시장의 트렌드를 다양하게 읽고, 추격하여 답습하는 것에서 벗어나 새로운 길을 모색해야만 살아남을 수 있다. 개인도 마찬가지다. 잘하는 일은 더 잘할 수 있도록 달리는 말에 채찍질해야 경쟁력과 차별화 전략에 대응하는 전문가가 될 수 있다.

로버트 그린이 쓴 《마스터리의 법칙》에서는 인간이 세상에 태어남과 동시에 씨앗 하나가 심어진다고 한다. 그 씨앗은 바로 여러분만의 독특한 고유성이다. 그 씨앗은 누구도 가지고 있지 않은 독창성, 고유성, 배타성, 희소성이 있다. 그것을 계발하는 사람은 만족하여 즐겁게 일하고 성공할 수 있다. 여러분을 흥미롭게 하는 것, 열정을 갖게 하는 것, 진정 좋아하는 것, 남과 다르게 접근하는 것을 통해 꽃을 피울 수 있다.

그러나 똑같은 씨앗을 가지고도 꽃을 피우고 열매를 맺게 하는 사람이 있는가 하면, 싹도 틔우지 못하는 사람, 싹은 났는데 꾸준히 물을 주지 않아 말려서 죽이는 사람, 꽃은 피었는데 열매를 맺지 못하는 사람들도 있다. 여러분이 꽃을 피울 수 있는 씨앗을 발견했는가? 발견하는 데 그치지 않고 열매를 맺도록 지속적으로 돌보고 가꾸는 일은 여러분의 영역이다.

'남만큼 해서는 남 이상 될 수 없다.'라는 말이 있다. 남이 한 걸음 갈 때, 나는 두 걸음을 갈 수 있는 뚜렷한 목표와 열정이 있어야만 한다.

장수 시대에서는 40년 정도 직업을 가지고 일할 수 있을 것이다. 가장 가치 있는 시간은 자기 일에 몰입하는 것이다. 아무런 의미나 즐거움

없이 "생계를 위해 일하고 있다."라고 한다면 서글픈 일이다.

일에 열정이 없는 사람은 지각만 안 할 정도로 시간에 맞춰 출근한다. 지겨운 닷새 동안 힘든 노동을 한 보상이라도 받으려는 듯 불타는 금요일만 기다린다. 일하는 기쁨이 없다면 일이 아니라 노동이다.

낙하산을 탈 때는 무겁게 짊어지고 올라가는 수고로움이 있지만, 내려올 때는 낙하산을 활짝 펴고 활공하는 짜릿한 스릴을 만끽할 수 있다. 이것을 포기할 수 없어 기꺼이 수고한다. 창공을 비행하는 짜릿한 기쁨이 없다면 무거운 짐이 되고, 쉽게 지쳐 포기하고 싶을 것이다.

출근할 때마다 가슴이 떨리도록 벅찬 기대감이 있는가? 아니면 오늘도 무사히 지나가기를 바라면서 출근하는가? 누군가 여러분에게 "왜 그 일을 하나요?"라고 질문했을 때 망설임 없이 "그 일을 좋아하기 때문에요."라고 말할 수 있기를 바란다.

일을 좋아해야 성공한다. 성공한다고 반드시 행복하다고는 말할 수 없지만, 행복할 확률이 높다. 나는 여러분에게 '성공하라'는 말 대신 '행복하라'는 말을 해주고 싶다. 자기 일을 좋아하고 사랑하면, 성취의 기쁨이 행복을 가져다줄 것이다.

우리는 모두 행복하게 살기 위해 태어났다. 행복하게 사는 것은 '권리'가 아닌 '의무'이다. 일을 좋아한다는 것은 그동안 알고 있었던 것을 완전히 새로운 방식으로 이해한다는 것이다.

실사구시(實事求是)에 입각하여
진리를 탐구하라

어렸을 적에는 박사가 되면 어떤 일이든 정통할 줄 알았다. 막상 박사 학위를 받고 나니 모르는 분야가 너무 많았다. 배움에 열의가 있다는 것은 환영할 일이지만, 지식으로 해결하지 못하는 것이 많은 게 학문의 딜레마다. 경험을 통과하지 않는 지식은 가치를 인정받지 못한다는 실사구시(實事求是)에 입각하여 진리를 탐구하는 태도가 꼭 필요하다. 실용주의 학문인 경우에는 더욱 그렇다. 이론으로 설명할 수는 있겠지만, 경험치가 없으면 설득력이 떨어진다. 아무리 이론을 많이 알아도 설득력이 떨어지면 현장에 적용하는데 무리가 따른다. 행동하지 않는 사랑이 무의미하듯, 논리적 사고만으로는 설득의 어려움이 있기에 현장 경험이 반드시 필요하다. 경험보다 좋은 스승은 없다.

형은 초등학생 때 호기심이 많았다. 멀쩡한 라디오와 시계 등을 분해하곤 했다. 분해한 것을 다시 완벽하게 조립했다면 칭찬을 받았겠지만, 그런 일은 일어나지 않았다. 결국 분해한 물건을 못 쓰게 만들었고 부모님에게 야단을 맞기 일쑤였다. 집에 있는 물건을 거의 고물로 만들더니, 지금은 고물을 제품으로 둔갑시키는 재주를 인정받고 엔지니어로 먹고 살고 있다.

동생은 그림 그리는 것을 좋아했다. 종이만 보이면 그림을 그렸다. 심지어 교과서에도 그림을 그려 선생님에게 매일 혼이 나고 반성문을 썼다. 동생은 광고회사에서 자신이 좋아하는 그림을 그리며 디자이너로 일하고 있다.

자신이 좋아하는 일을 하면 스트레스가 쌓이지 않고 커다란 즐거움이 선물로 주어진다. 남들에게는 지겹고 따분한 일이 즐거움이 된다는 것은 엄청난 자산이자 경쟁력이다.

생각이 나를 이끈다면, 지식은 방향을 설정해 주고, 경험은 생각과 지식을 구체화시키고 완성한다. 내가 아는 지식이 구성원들에게 전달되고, 그 지식이 현장에 적용되어 살아 움직일 때 학문은 완성되는 것이다.

나는 직장에서 하는 일이 싫을 때도 있었지만, 공부하고 연구하는 것은 한 번도 지루하게 느낀 적이 없다. 새로운 학문을 경험하고, 다른 분야에서 일하는 사람을 만나면 가슴이 뛰고 설렌다.

아이들을 교육할 때 주변에서 피아노 학원에 보내면 자기 아이가 뒤처질까 봐 불안해서 같은 학원에 보내는 부모들이 많다. 아이의 의견을 묻거나 재능을 살펴보지도 않고 부모의 욕심으로 학원에 보내는 것이다. 조기교육을 해야 빨리 배우고 창의력이 발달하는 것이 아니다. 피아노 소리만 들어도 콩나물 머리가 그려지는 사람은 악보를 보면서 피아노를 치는 게 아니라, 스스로 곡을 만들어 피아노를 치는 수준이 된다. 특히 예능은 타고난 감각이 있어야 한다. 학원은 아이에게 필요한 공부를 위해 선택해서 보내야지 남들이 보낸다고 무조건 따라 해서는 성과가 없다.

대학도 졸업장을 받기 위해 다녀서는 안 된다. 전공도 본성이 주는 신호를 따라 선택해야지 성적에 맞춰 선택해서는 안 된다. 흥미를 느끼는 공부를 해야 재미가 붙고, 남들보다 배우는 속도가 빠르고, 결과도 좋게 나타난다. 노력하는 자는 좋아하는 자를 따라갈 수 없고, 좋아하는 자는 즐기는 자를 따라갈 수 없다. 즐기는 자는 한 차원 높은 수준의 재미를 선사해 배움의 속도도 더욱 빨라지고 실력이 눈에 띄게 나아진다. 그런 '보상 가속화의 순환'을 거쳐 마스터가 된다. 마스터(Master)는 타고나는 것이 아니라 부단한 노력으로 만들어진다.

여러분에게 책을 늘 가까이하라고 권하고 싶다. 독서는 선인, 동시대인들의 지혜를 빌리고, 안목을 키우는 원천이다. 미래를 열어가는 생각의 창(窓)이고, 나를 발견하는 상상의 문(門)이다. 알렉산더와 나폴레옹의 탁월한 지략, 에디슨과 아인슈타인의 위대한 업적, 빌 게이츠와 스티브 잡스의 뛰어난 상상력은 모두 독서에서 비롯되었다.

신라 시대에는 독서량을 기준으로 인재를 등용하기 위해 관리선발제도인 독서삼품과를 마련하여 독서를 권장했다. 생각의 창고에서 언제나 꺼내서 쓸 수 있는 지식은 독서로 얻을 수 있다. 그러나 요즘엔 아이나 어른 할 것 없이 책을 잘 읽지 않는다. MZ세대들은 책보다는 영상에 빠져 있다. 얼마나 책을 안 읽으면 '독서의 날', '세계 책의 날'을 제정하여 홍보하고 장려하겠는가? 책을 읽는 사람에게 꽃을 선물하던 스페인 카달루냐 지방의 축제에서 '세계 책의 날'이 유래됐다고 한다. 우리도 책을 읽는 사람에게 꽃이라도 선물해야 할까?

특히 비즈니스에서 성과를 내고 싶거나, 창업을 꿈꾸고 있는 사람이라면 경제 원리를 알아야 하고 적용 능력이 있어야 한다. 이것이 없으면 구구단도 모르는 사람이 방정식을 풀겠다고 덤벼드는 것과 같고, 조기 축구 선수가 월드컵 경기에 나가겠다고 하는 것과 같다.

'둔필승총(鈍筆勝聰)'이라는 말이 있다. 사소한 메모가 총명한 머리보다 낫다는 의미다. 정약용의 지론이다. 아무리 좋은 아이디어도 옮겨 적지 않으면 잊어버린다. 새로운 지적 호기심을 자극하고 상상할 때 적용할 사안들이 있으면 즉시 기록하고, 우선순위로 처리해야 할 일을 메모하는 습관을 기르면 좋다.

링컨은 트레이드마크인 모자 속에 연필과 종이를 넣어 다녔고, 에디슨의 메모 노트는 3,400권에 달한다. 아인슈타인도 메모장에 사소한 것이라도 기록하였다고 한다.

책을 읽었더라도 시간이 갈수록 희미해지고 기억이 가물가물하다. 머리가 나빠서 그런 게 아니다. 우리 뇌는 기억하는 것보다 지우는 것을 더 좋아한다. 다만, 두뇌가 좀 더 빨리 지우느냐, 좀 더 늦게 지우느냐의 차이가 있을 뿐이다.

자신이 기록한 자잘한 일상을 들여다보면, 생각과 방향을 알 수 있다. 메모가 습관화되면 생각을 정리할 수 있고, 길을 만들어 가는데 좋은 길라잡이가 될 수 있다.

메모는 일기와 비슷하지만 전혀 다르다. 일기는 있었던 일을 순차적으로 기록하는 사실적인 서술형식이다. 그러나 메모는 아이디어뿐만 아니라, 보고 들은 것을 내 나름대로 정리해서 옮겨 적는 상상 노트다. 메모하다 보면 생각의 힘이 우리 인생을 180도 바꾼다는 것을 실감할 수 있다.

번뜩이는 아이디어는 기억에 오래 머물지 않는다. 관찰한 것을 메모하고, 생각을 확장하면 멋진 아이디어가 되고 지식의 디딤돌이 된다. 메모를 생활화하면 기억을 되살리게 되고 그것이 습관화되면 사람의 인생을 지배하게 된다. 상상력이 따로 있는 것이 아니다. 흘려보낼 수도 있는 일상의 생각을 아이디어 창고에 저장하고 연결하는 것이다. 아무리 IT 혁명 시대라 할지라도 인간의 생각보다 앞서갈 수 있는 세계를 상상할 수는 없다. 4차 산업혁명의 진보는 당연히 상상의 외연을 확장하는 데서 찾아야 할 것이다.

PART 2   세계를 품고
열망하라

글로벌 시장에서 생존하는 필수 도구

미국 대학교 입학에 관해 자주 질문을 받는다.

미국 대학교에서는 먼저 GPA(Grade Point Average, 고교 내신) 성적, SAT(Scholastic Aptitude Test, 미국 대학입학시험) 점수 그리고 방과 후 클럽활동, 봉사활동, 수상 경력, 엑티비티 참여 경력, 리더십 등을 보고 입학을 결정한다. 최근에는 중위권 대학의 경우 SAT를 면제해주는 대신 GPA와 토플의 비중이 높아지는 대학교가 늘어나고 있다.

아이비리그와 명문사립대학에는 성적이 좋으면서 클럽활동, 봉사활동, 수상 경력이 있는 학생들이 많이 지원한다. 영어 성적과 내신이 조금 부족해도 여러 가지 가능성을 열어두고 입학을 허락하는 학교들도 일부 있다.

미국 학교에서는 누군가에게 도움을 주고, 스스로 보람과 성취감을 느끼게 하는 '커뮤니티 봉사'가 있다. 자신의 관심사와 진로를 기준으로 봉사를 한다. 대입 전형에서 이 커뮤니티 봉사의 비중이 점점 커지고 있다. 커뮤니티 봉사를 통해 자신의 적성을 가늠해 볼 수 있고, 만나는 사람들이 좋은 멘토가 되는 경우가 많다.

커뮤니티 봉사도 자신이 잘하고, 좋아하는 일을 해야만 오랜 기간 지속할 수 있다. 어린이들을 위한 일, 동물을 좋아하는 일에 관심이 있는 학생은 관련 단체에서 커뮤니티 봉사를 한다. 의사를 꿈꾸는 학생은 병원이나 너싱홈에서 커뮤니티 서비스를 하면서 경험을 쌓는다.

대부분의 유학생들은 학년을 낮추어서 가는 추세다. 내신, 언어, 문화 적응 때문에 시간을 확보하기 위해서다. 각국에서 온 국제학생 대부분은 사립학교에서 ESL(English as a Second Language)를 제공하는데, 이것은 영어가 모국어가 아닌 학생들을 위한 집중 학습 프로그램이다. ESL은 학점이 인정되지 않고, ESL을 마칠 때까지는 정규 영어 수업을 들을 수가 없다. 자존심은 상하지만, 정규수업에 들어갔다가 GPA를 망치는 것보다 영어를 업그레이드한 후에 정규수업에 참여하여 GPA를 관리하는 것이 더 유리하다.

ESL은 4~5개월마다 테스트를 거치는데, 학생의 수준에 따라서 한 학기만 듣는 학생도 있고, 2학기를 듣는 학생도 있다. 어학이 부족하면 유학을 간 건지, 어학연수를 간 건지 헷갈릴 때도 있다. 이 수업을 들으려고 하면 영어권에 태어나지 않은 것이 얼마나 불이익을 받고 있는지 절실하게 느껴진다.

'기울어진 운동장(Unlevel playing field)'이라는 말이 있다. 한쪽 골대 방향으로 기울어진 운동장에서 축구를 하는 것과 같은 상황을 뜻하는 비유로, 처음부터 공정한 경쟁을 할 수 없도록 만들어진 규칙을 말한다. 유학생들은 언어에 늘 한계를 느낄 수밖에 없어서 사람을 만날 때마다 강박관념이 스트레스로 작용하는 환경에 놓인다. 특히 늦게 유학 온 학생들은 언어습득에 한계를 느끼고 좌절하기 쉽다. 비영어권의 학생들 중 '강박관념적 강박행동적인 장애'라는 다소 긴 병명이 있다는 것을 처음 알았다. 불안과 좌절감에서 벗어나지 못하고 강박증에 시달리며 우울하게 보내는 한국 학생들이 의외로 많다. 언어가 잘 통해도 수업을 따라가기가 만만치 않은데, 듣는 것과 말하는 것이 부담되면 참으로 답답한 노릇이다.

한국에서 유학 온 학생들은 학교에 적응하지 못하는 아웃사이더가 많다. 나는 학부가 아니라 대학원 박사과정이었지만, 어려운 것은 마찬가지였다. 차라리 나이가 어렸으면 언어습득 능력을 키워 적응할 수 있었을 텐데, 나이가 들면 언어를 빨리 배워 잘하는 것이 거의 불가능하다. 누구보다도 잘해야만 한다는 생각과 주위 사람의 기대에 부응해야 한다는 부담감이 나를 더욱 힘들게 했다. 어느 정도 영어를 할 줄 알았지만 미국 친구들을 만날 때마다 소통이 안 되어 좌절하고, 자기들끼리 하는 대화가 그냥 소리로만 들렸다. 언어를 원활하게 하지 못하니 수업을 들어도 놓치는 것이 많았고, 스트레스로 소화가 안 되어 고통을 이기기 힘들었다. 한때 언어의 부담감과 외로움으로 우울증 증세가 나타났고, 먹고 싶은 것도 없고 잠을 이루지도 못했다.

학창 시절에 회화 중심으로 영어 공부하지 않은 것을 미국에 가서 뼈저리게 후회했다. 한국에서 영어를 공부하는 것과 미국에서 영어를 공부하는 것은 차원이 다르다. 미국에서는 소통이 안 되면 아무것도 할 수 없는 상황에 놓이고 그것이 생존과 직결된다. 의사소통 정도로는 공부를 잘할 수가 없을 뿐만 아니라, 친구를 사귈 수도 없다.

미국 IBM에서 근무할 때도 알아듣지 못하는 언어 때문에 스트레스가 심했다. 위가 탈이 나서 한동안 고생했다. 속상한 일은 뻔히 아는 단어인데도 이상하게(?) 발음하여 어느 동네 언어인지 이해가 안 되는 것이었다. 나의 경우, 영어를 잘하기에는 언어의 환갑이 지난 나이라 발음이 교정도 안 되고, 그렇다고 회화도 생각처럼 늘지도 않는 것은 당연했다. 교포들도 거기 몇십 년 살았지만, 나이 든 사람(40세 이상)은 포기하고 산다는 말에 위로를 받았다. 언어는 시간이 지나는 것만큼 속도와 적응 능력이 다를 뿐, 콩글리시(Konglish)라도 늘게 되어 있다. 낯선 환경에 적응하는 동안 언어를 하나씩 알아가고 성장한다는 사실을 깨달았다.

한편, 그들이 하는 말을 모두 알아들을 필요가 없다는 생각이 문득 들었다. 우리말도 다 알아듣지 못할 때가 있는데 내가 하고 싶은 말만 하고, 묻는 말에만 대답하는 것은 비교적 간단하다.

외국어를 배울 때 문법이나 단어 암기보다 더 중요한 것은 문장 암기다. 영어단어 하나하나를 해석하면 뜻이 안 통한다. 영어를 잘하는 방법은 원어민이 사용하는 문장을 그대로 외우는 방법밖에 없다. 문장은 서로 관련된 단어들의 집합체이지만, 단어에 중점을 두면 전체적인 문장이 흐트러질 수가 있기에 균형을 잘 잡아야 한다.

10년 전만 해도 우리나라 회사에서는 외국어를 특정한 몇 사람만 사용하는 것으로 인식되었다. 그러나 글로벌 시대에 외국어가 고과에 반영되고, 정기적인 승진 시험에 외국어 점수가 포함되었다. 글로벌 시장으로 블록 장벽이 무너지게 된 이후에 언어는 생존을 위한 필수도구가 되었다. 현지어를 하면 협상력을 높일 수 있다. 여러 언어를 구사하면 좋지만, 영어 하나만이라도 잘하면 좋다. 유럽의 작은 나라 네덜란드가 세계무역 5위 국가의 위상을 유지하는 것은 외국어 능력 덕분이다.

"국문학과에 입학하는데 왜 영어특기생을 선발하느냐"라며 교육부의 잘못을 지적하는 분들이 있다. 현재, 한국어가 세계 수십 개의 대학에서 전공 내지는 교양과목으로 교육되고 있다. 그런데 현지어를 못 하면서 어떻게 한국어를 가르치고 정착시킬 수 있겠는가?

넓은 세계를 품고 경험하라

나는 작은 동네에서 좀 더 큰 도시로, 좀 더 넓은 곳으로 이동하며 미국까지 가게 되었다. 미국의 중심 뉴욕에서 직장을 다니고 살게 될 줄은 몰랐다.

미국에서는 동·서 간 3시간의 시차가 있다. 내가 공부했던 펜실베이니아주는 미국의 50개 주 중 33번째로 큰 주다. 북동부에 있는 주로, 면적이 우리나라 전체 면적보다 20%가량 더 크다. 차로 서쪽 끝에서 동쪽 끝으로 달리면 4시간 30분 정도 걸리는 거리다.

길이가 4,660km인 80번 고속도로는 동부 뉴욕에서 출발하여 서부 샌프란시스코까지 46시간 걸리는 연결도로다. 서울에서 부산까지 420km, 신의주에서 제주까지 1,100km에 비하면 얼마나 먼 거리인지 짐작하고도 남을 것이다. 한국의 9배 반의 평야가 끝없이 펼쳐져 있다. 눈으로 볼 수 있는 것이 아니라, 상상력으로 짐작만 할 뿐이다.

무더운 여름이었다. 친구가 휴가를 얻어 내가 사는 뉴욕으로 왔다. 미국을 최대한 많이 구경시켜 주고 싶었다. 처음으로 기나긴 80번 고속도로 여행에 도전했다. 오목조목한 볼거리라도 있으면 덜 지겨웠을 텐데, 가도 가도 황량한 사막과 지평선밖에 없으니 숨이 막혔다. 3일 만에 녹초가 되어 샌프란시스코에 도착했다. 샌프란시스코는 익숙한 곳이라 관광지와 맛집 기행을 하려고 했으나, 친구는 만사가 귀찮다며 숙소에서 쉬고 싶다고 했다. 친구에게 많은 것을 보여 주고 싶은 의욕이 오히려 여행을 힘들게 했다. 친구는 미국에 열흘 동안 있으면서 한국이 좋은 나라인지 처음 알았다고 했다. 한국 문화에 익숙한 것도 있겠지만, 한국처럼 살기 편한 나라도 드물다.

친구는 미국에 있는 동안 거의 자동차를 타지 않고 귀국했다. 나 역시도 미국 고속도로를 보면 아득하고 막연하다고 할까, 그런 느낌을 지울 수가 없다. 시베리아 횡단철도(TSR)는 모스크바에서 블라디보스토크까지 9,288km인데, 그에 비하면 80번 고속도로는 딱 절반밖에 안되는 거리다. 시베리아 횡단철도는 지구 둘레 3분의 1에 해당하는 거리로, 보통열차는 10박 11일 걸리고 급행열차를 타도 7일이나 소요된다고 한다. 물론 하루 걸려서 가는 사람은 많겠지만, 처음부터 끝까지 가는 사람은 거의 없을 것이다. 만약 완주하는 횡단철도를 탄다면 성질 급한 우리는 중간에 뛰어내릴지도 모른다.

내가 살던 곳에서 손에 잡힐 듯 있는 애팔래치아산맥은 길이가 약

2,600km, 너비가 약 600km이다. 애팔래치아산맥은 펜실베이니아 주에서 발원해 서쪽으로 흘러 미시시피강과 합류하는 강의 길이가 2,090km라고 한다. 캐나다와 미국 국경에 위치한 5대 호수를 합쳐놓으면 우리나라 전체 면적의 2배 반의 큰 호수들이다. 마치 바다같이 파도가 일고 모래사장이 넓게 펼쳐져 있다. 바다처럼 호수에 파도가 치는 것을 처음 보았다. 심지어 호수에 화물선도 다닌다.

'내가 생각하는 세계가 전부가 아니며, 내가 보는 것이 전부가 아니다.'라는 것을 깨닫는데 그리 오랜 시간이 걸리지 않았다. 큰 호수를 경험한 사람은 작은 호수는 물웅덩이처럼 보일 것이다. 부모님을 모시고 미시간 호수에 가면서 '이것이 호수'라고 말씀드렸더니, 어머님은 "바다를 네가 잘못 본 것"이라고 우기셨다. 어머님의 말씀이 충분히 이해가 된다. 미시간호는 우리나라 국토의 절반보다 더 큰 호수이기 때문이다.

지금까지 한 번도 보지 못했던 미국 땅의 광활함과 웅장함이 나를 완전히 압도하여 한동안 충격을 받았다. 눈으로는 모두 볼 수도 없고 확인할 수도 없지만, 생각의 창을 열어놓고 상상력으로 그릴 수는 있다. 크고 넓다고 좋은 것만은 아니지만, 미국의 무한한 자원 즉 국력이 부러울 뿐이다.

일상에서 상상을 넘어 가슴 뛰는 세계를 마주할 때, 벅찬 울림이 꿈이 되고 비전이 된다. 강이 아무리 크다고 할지라도 바다를 경험해 보지 않고는 바다가 얼마나 광활하고 깊은지를 모르는 것과 같다.

나는 대학생 때 한국의 높은 산을 등반하면서 한국에도 이런 높은 산이 있었나 싶었는데, 미국의 산들은 보통 해발 3,500m 이상인 산이 즐비하다. 한라산, 지리산, 설악산 등은 1,700~1,900m로 미국의 산들과 비교하면 동산에 불과하다는 것을 알았다. 미국의 산은 한 번 가려고 하면 망설여질 수밖에 없을 만큼 크기와 높이가 압도적이다. 우리는 한국의 산에 길들어져 2,500m 트레킹이 맥시멈이고 더는 무리였다.

산 중턱에서 만년설로 덮인 정상을 바라보기만 해도 아득하다. 호수에 비친 설산의 모습은 정말 아름답다. 설경과 호수의 조화가 자연이 가져다주는 축복이다. 설산에서는 일 년 내내 스키와 보드를 타고, 호수에서는 함께 카약을 타거나 낚시를 하고, 패들보드(SUP)를 타면서 동호인들이 다양하게 즐긴다.

꿈을 방해하는 가장 큰 적은 내 안에 있는 '두려움'이다. 내가 가장 두려웠을 때는 시국 데모로 끌려갔던 군대 강제 징집이었고, 다음이 낯선 미국으로 유학 갈 때였다. 유학을 결심하고 직장에 사표를 내려고 하자, 임원이 공부하러 간다고 사표를 내는 경우가 지금까지 없었다며 회사에서도 난감해했다. 결국 휴직 처리하고 공부하고 오라고 했다. 주위 사람들은 공부하려고 미국까지 가냐, 왜 사서 고생하느냐며 말렸다.

미국에 공부하러 가는 지역에 아는 사람도 없었고, 정보도 거의 없어 막막했다. '일단 부딪쳐 보자'라고 마음먹었다. 그 당시는 미국에 드나드는 사람이 별로 없을 때였다. 뉴욕행 항공을 발권하고 기다리는데, 두려움이 한순간에 몰려왔다. 내가 아는 것이라고는 홈스테이 주소밖에 없었다. 인천국제공항에서 뉴욕행 항공을 15시간을 타고, 뉴욕에 도착해서 다시 메가버스를 2시간 정도 타고, 필라델피아로 가서 다시 전차를 타고 학교에서 소개해 준 숙박지로 가는 코스였다.

나는 계속 혼잣말로 "공부하려고 가는 것이 아니고, 여행을 가는 것에 불과해."라고 중얼거렸다. 여행을 떠나기 전에 준비물을 챙기고 계획을 세울 때 제일 설레는 기분을 이입해보려고 했는데, 결국 불안을 떨쳐내지 못했다. 기도밖에 할 것이 없었다.

20여 시간 긴 여행 끝에 물어물어 도착한 홈스테이 주인 부부가 반갑게 맞아주어서 안도했지만, 여전히 생소한 도시의 풍경이었다. 지금 생각하면, 정갈하고 고풍스러운 건물로 가득 찬 필라델피아는 다시 찾고 싶은 아름다운 도시다.

미국 테마파크 디즈니 캘리포니아 어드벤처에 가끔 가게 되었다. 처음에는 기분 좋게 입장했는데, 놀이시설을 타면서 두려움과 공포가 밀려올 때는 후회했다. 돈 내고 불안에 떨고 있는 내 모습이 바보 같았다. 그런데 어느 순간 묘하게도 두려움을 극복하고 공포를 즐기고 있었다. 끝까지 남아 놀이기구를 타면서, 두려움과 마주할 때는 조금씩 즐기면서 적응하는 원리를 알게 되었다.

비록 거친 바다를 항해하는 위험과 두려움이 따를지라도, 목적지에 데려다주는 것은 파도밖에 없다. 영국 속담에 "잔잔한 바다에서는 좋은 뱃사공이 만들어지지 않는다."라는 말이 있다. 파도가 없는 잔잔한 호수에 머물고 싶은 유혹이 밀려오지만, 안전한 곳과 안전한 삶을 사는 것은 다르다는 것을 알기 때문에 멈출 수가 없다.

안주하고 싶은 곳이 아니라, 어디를 향하여 나아가야 할지를 정해야 한다. 어떤 일을, 무엇을, 어떻게 할 것인지 스스로 답을 찾아야 한다. 왜 내가 이 일을 해야 하는지, 내가 이 일을 잘할 수 있는지, 이 일은 내가 아니면 안 되는 일인지 자신에게 끊임없이 묻고 답해야만 한다.

사람이란 참 이상하다. 새로운 곳에 대한 두려움과 막막함이 있지만, 한편으로는 호기심과 설렘이 교차한다. 가보지 못한 미지의 세계를 경험하고 싶은 호기심이 몰입하게 만드는 매력이 있다. 새로운 발견은 언제나 가슴 설레게 한다. 내게는 타국이지만, 이곳의 사람들은 지루한 일상을 탈피하기 위해 또 다른 곳을 동경하고 있을지도 모른다는 생각이 들었다. '익숙한 곳'에서 '낯선 곳'으로 방향을 전환하는 가슴 뛰는 일이 우리를 흥분하게 하고 갈망하게 한다.

넓은 세상으로 여행하면 의외로 새로운 것과 마주할 때 문화의 충격과 아이디어를 얻을 수 있다. 나는 업무상 갔거나 개인적으로 간 곳도 많다. 잘 알려지지 않은 곳으로 여행하는 것을 좋아한다. 여행할 때마다 그 나라의 문화와 특성 그리고 삶의 방식을 접하고 새로운 가치와 영감을 얻는다. 여행을 하면 새로운 세계와 마주할 수 있다.

타히티는 제2의 하와이로 불린다. 남태평양 끝에 있는 보라보라섬에 있는 작은 섬이다. 프랑스 화가 폴 고갱의 '타히티의 여인들'로 더 유명해진 지상낙원이다. 나는 이 섬의 이국적인 정취와 옥색 같은 수평선, 금빛처럼 반짝이는 모래사장을 마주하고 가슴이 뛰었다.

그리고 페루 공중도시에 1만 명이나 살았던 요새, 해발 2,400m 바위산 도시 '마추픽추'에 갔을 때는 가슴이 먹먹했다. 풀리지 않는 영원한 수수께끼에서 지금도 잉카인들의 숨결이 느껴지는 듯했다.

여러분도 여행을 통하여 낯선 곳에서 또 다른 것을 배우는 기회를 만날 수 있기를 바란다. 내가 보는 것과 경험한 것이 전부가 아니다. 넓은 세계를 경험하고 자신을 비추어보는 작업이 꼭 필요하다. 수많은 사람이 여행을 통하여 자신의 비전을 설정하고, 큰 꿈을 그리며 새로운 삶을 추구하는 것은 이제 더는 놀라운 일이 아니다.

새로운 일을 시작할 때의 3P

라스베이거스에서 카지노를 25년 동안 운영하는 스티브 윈에게 기자가 물었다.

"카지노에서 가장 크게 이길 확률이 가장 높은 종목은 무엇입니까?"

스티브 윈은 빙그레 웃으며 이렇게 대답했다.

"카지노에서 돈을 벌 수 있는 유일한 방법은 카지노 주인이 되는 것입니다."

이 말은 모든 게임이 항상 카지노 측에 유리하도록 조작되어 있다는 뜻이다. 기분 좋게 잃고 나오느냐, 본전 생각이 나도록 잃느냐의 차이가 있을 뿐이다. 카지노는 얼마를 따느냐가 아니라, 얼마를 잃느냐의 게임이다. 도박꾼들이 돈을 날리는 것만큼 카지노는 막대한 부를 창출한다.

미국 라스베이거스에 직원들과 갔을 때, 100달러씩 나누어 주었다.

모두 잃으면 미련 없이 자리에서 일어나기로 약속하고 시작했다. 돈을
딴 사람은 없고, 결국 모두 잃고 밖으로 나섰다.

카지노에서 왜 플라스틱 칩을 사용하는지 이해가 안 되었는데, 나중
에 알게 되었다. 그것은 심리적으로 100달러짜리 지폐보다 1,000달러
치 플라스틱 칩 무더기의 가치가 더 적게 느껴지기 때문이다. 어릴 때
놀던 딱지와 비슷하다. 돈이라는 개념을 흐리게 만들기 위해서 플라스
틱 칩을 사용한다.

세상의 모든 사람은 자신의 인생에서 어떤 직업을 선택해야 하는가
에 대해 정말 고민이 많다. 특정 직업을 위해 태어나는 사람은 없다. 처
음에는 여러 선택지를 들고 고민을 해도 무엇을 잘하는지 모르는 경우
가 대다수일 것이다.

진로에 대해서 여러 사람과 얘기를 해보면 과거에 좋은 기회를 놓쳤
다거나, 지금 하는 일은 가려고 했던 길이 아니었는데, 이 길을 택한 것
을 후회하고 있다. 하지만 내가 보기엔 지극히 정상이다. 대부분의 사
람들이 이것저것 시도한다. 단 하나의 길만 있는 게 아니라 여러 갈래의
길이 있기 때문이다. 배우자를 찾기 위해 여러 사람을 만나는 것과 같다
고 할 수 있다.

새로운 일을 시작할 때는 라스베이거스의 카지노를 연상해보자.
'이 게임에서 이길 수 있을까?'

'얼마를 따느냐가 아니라, 얼마를 잃느냐의 게임은 아닐까?'

새로운 일을 시작할 때는 세밀한 체크리스트를 타임테이블로 만들어서 점검해야 한다.

이때 도움이 되는 3P가 있다.

❶ Possibility: 가능한 것을 적용해야 한다.

신선하고 혁신적인 일은 분명하지만, 내가 시도할 수 있는 충분한 자원이 있는가? 이 일을 통해 나의 능력이 충분히 드러나고 지속할 수 있는 확신이 있는가?

가능한 것과 필요한 것은 다르다. 내가 '가능한 일'을 하는 것과 내가 '필요한 일'을 하는 것은 다르다. 가능하지 않으면 필요한 일도 아무 의미가 없어진다. 도전해서 감당하는 것이 아니라, 감당할 수 있을 때 도전하라. 어려운 일은 성취할 수 있지만, 불가능한 일은 성취할 수 없다. 세상에는 아무리 노력해도 결과를 얻을 수 없는 것이 널려 있다.

❷ Personal: 개인적인 것을 적용해야 한다.

가치의 유형에는 기본적 가치와 보편적 가치, 사회적 가치 그리고 개인적 가치가 있다. 개인적 가치는 여러 가치와 충돌할 수 있다. 개인적인 가치가 사회적인 가치와 충돌할 때 개인적인 가치가 제한받는다. 개인적인 것이 공동체적이고, 공동체적인 것이 개인적인 것이 될 수 있다.

내가 가장 잘할 수 있는 것은 지극히 개인적인 것에서 시작한다. 환경과 여건이 성숙되어 있고, 함께할 수 있는 공동체가 있다는 말이다. 그러나 개인적인 능력 이상의 팀을 만들 수 없고, 팀 이상의 개인 능력을 발휘할 수 없다. 개인은 팀에 규정되고, 팀은 개인의 능력에 매이게 된다.

❸ Practical: 실제적인 것을 적용해야 한다.

현재 구체적인 실현이 가능하고, 비전을 향해 달려가도 후회하지 않을 자신이 있는가? 실제적이지 않으면 적용할 수 있는 실체가 없다는 말이다. 실제적으로 보여야만 지치지 않고 나아갈 수 있는 추진력을 얻는다. 가시적인 것이 드러날 때 주관적인 것을 객관화하여 좁혀 갈 수 있는 능력이 필요하다.

실제적인 것 즉 현실적인 문제를 충분히 극복하고, 경쟁력이 있을 때 진행해야 한다. 무언가를 성취하기 위해 지금 힘들다면, 그것은 지금보다 더 큰 것을 이루기 위한 실제적인 과정이다.

이 3가지를 점검하면 '목적'이 분명해진다. 목적은 내가 어디를 향하여 발걸음을 옮겨야 하는지 방향을 설정해 주고, 여기에 내가 왜 존재하는지 알게 해준다.

목적이 '왜'를 말해 준다면, '뚜렷한 가치'는 우리의 선택과 행동의 지침이 되며, 목적을 뒷받침하는 추진력이다. 이것은 자신이 하는 일에서 진정한 가치를 발견하고 실행하는 용기다.

현대 과학의 발달로 수많은 정보를 접할 수 있는 엄청난 기회와 혜택이 주어졌다. 정보가 많은 것만큼, 생각하고 고민할 것도 많아졌다. 우리의 생각을 행동으로 옮기는 데는 오히려 여러 트랙이 혼란스럽게 만든다.

선택의 문제가 있다 보니 집중을 어렵게 만들고, 따라서 쉽게 결정을 할 수 없는 다원화 구조로 가고 있다. 결국에는 이것저것 손을 대다가 망치게 된다.

지나치게 많은 정보를 머리에 입력할 필요가 없다. 시시콜콜한 것에는 아예 눈길도 주지 말고, 먼저 관심 분야에 대한 확실한 아이덴티티를 정립한 후 타 분야를 넓혀나가는 학습의 확장이 필요하다.

'혁명'이라고 불릴 정도의 변화가 발생하는 시기에는 항상 기대와 우려가 공존한다. 불가피하게 승자와 패자가 나올 수밖에 없다. 우리는 승자와 패자의 경계선에 있다. 내가 어느 쪽에 설 것인가 결정해야 한다.

어떤 사람은 '이렇게 살면 안 된다.'는 것을 평생 보여 주고 죽는다. 그러나 어떤 사람은 '이렇게 살면 성공한다.'는 것을 평생 보여 주고 죽는다. 여러분은 어떤 사람이 되어서 무엇을 보여 주고 싶은가?

생각하는 건 쉽지만, 세상에서 제일 어려운 건 생각한 대로 행동하는 것이다. 생각이 많은 사람은 그 모든 생각을 행동으로 옮길 수가 없기에 단순화가 필요하다. 두 마리 토끼를 쫓으면 두 마리 다 놓친다. 모든 것을 지키려고 하면 힘이 약해진다. 가슴 뛰게 하는 일은 한 가지만으로도 충분하다. 승부구 하나 외에는 모두 유인구다.

'임계점'을 넘어야만 성장한다

임계점(Critical point)에 도달하기는 쉽지 않지만, 한번 넘어가면 그대로 유지되는 성질을 가지고 있다. 물이 끓으면서 100도의 임계점에서 액체가 수증기로 변한다. 임계점은 한계를 허물고 한 단계 성장했다는 의미다. 모든 성장은 '임계점'을 넘었을 때 변화를 경험하게 된다.

성장은 항상 그래프의 기울기가 바뀌는 변곡점이 있기 마련이다. 물은 섭씨 100도에 끓어서 수증기가 된다. 1도가 부족한 섭씨 99도에서는 물이 끓지 않는다. 보통 사람들은 99%가 끓었다고 한다. 그러나 물이 기체로 변하는 임계점이 섭씨 100도이기 때문에 99도는 0도와 같다.

성공에도 도달해야 할 임계점이 있다. 대부분의 기업은 95%까지는 무난히 목표에 도달한다. 문제는 5%가 부족해서 제로가 된다는 것이다. 특히 하이테크 부문은 1%가 부족해서 글로벌 시장에서 인정을 못

받는 경우가 다반사다. 기업들은 이 1%의 기술력을 위해 엄청난 자금을 쏟아붓는다. 혁신 기술 1%가 전 세계 1%의 유저를 만들 수 있다고 여기기 때문이다.

100이란 기준은 인간이 노력하고 도전할 수 있는 상징성이 크다. 100편의 논문을 읽어야만 분석이 가능하고 비평할 수 있는 수준이 된다. 1년에 100권 정도의 책을 읽어야 독서 좀 했다고 말할 수 있다. 100사람 정도를 만나야 다양한 분야의 사람을 만났다고 할 수 있는 근거가 된다. 한 교수는 100번의 강의를 하고 나니, 수강 신청 때 학생들이 몰렸다고 한다. 나도 경제학 서적 100권 정도를 읽었을 때 경제를 일반 사람과 조금 다른 시선으로 볼 수 있었다.

이 원리처럼 누구나 성장 과정에서 지적 욕구를 통해 1%씩 자라나고 있다면, 또 다른 나를 발견하는 변곡점이 된다. 하루아침에 성공의 문턱을 넘을 수는 없다. 치열하게 노력하는 '절대 시간'과 '버티고 견디는 인내의 시간'이 필요한 이유다.

'1만 시간의 법칙'이 있다. 하루 3시간씩 10년간 즉 1만 시간을 노력하면 누구나 성공할 수 있다는 법칙이다. '성공'이라는 표현에는 반신반의(半信半疑)하지만, 분명히 한 분야의 전문가는 될 수 있다고 확신한다. 1만 시간이라는 구체적인 숫자를 제시한 의미는 인내의 기준을 가지고 꾸준함을 요구하기 위한 것이다. 또 하나는 절대적인 시간이 필요하다는 것을 일깨워 주기 위함이다.

혹자는 의문을 제기할 수도 있다. 그럼, 절대적인 시간과 인내만 확보하면 되는가? 물론 아니다. 개인의 능력의 차이가 존재한다. 하지만, 중요한 것은 의도적인 노력을 통해 목적한 결과에 다가갈 수 있는 '정확한 방향'이다. 임계점에 도달하기 위해서는 과녁을 벗어나는 것을 첫 번째로 경계해야 한다. '더 열심히'보다는 '더 정확한' 것에 집중해야 한다.

우리는 열심히 하는 것을 최고의 가치로 여기는 경우가 많다. 누군가를 격려할 때 금언(金言)처럼 '열심히 하라'라는 말을 자주 한다. 그냥 열심히 하는 것보다는 '잘하기' 위해서 열심을 내야 한다. 이것은 행동을 말하는 것이기도 하지만, 먼저 생각을 열심히 하라는 말이다. '생각이 정립된 열심'이 필요하다. 열심히 하는 것만으로는 많은 오류를 만들어 낼 수 있기 때문이다.

새로운 길을 나선 사람에게 필요한 것은 타이머 시계가 아니라 나침반이다. 시대의 변화를 주도하고 새로운 분야를 개척하는 선도자가 되려면 어떻게 해야 할까?

❶ 남들이 생각하지 않는 것을 생각할 줄 알아야 한다.

생각하고 또 생각하면 다른 것이 보인다. 다른 것을 생각한다는 것은 습관이나 통념의 틀에 매이지 않으며, 현실에 안주하지 않는다는 의미다. 대개 보통 사람은 과거의 경험과 현재 상황에 따라 움직이고 결정한다. 그러나 현실에 익숙한 습관에서 탈피하는 상상을 할 때 다름이 나온다.

인간이 현실에 만족하지 못하는 이유는 똑같은 일이 매일 반복되는 것에 금방 지루함을 느끼기 때문이다. 미국 실리콘밸리에 있는 기업들은 마치 대학교 캠퍼스처럼 틀에 박힌 지루함에서 벗어난 환경과 창의적인 생각을 할 수 있도록 다양한 디자인으로 구성되어 있다.

일상에서 느끼는 지루함과 따분함이 가장 나쁘다. 새로운 곳에 대한 갈망이 사고를 치기도 한다. 그래서 사람들은 갇힌 곳으로부터 떠나 여가활동을 늘리고, 그곳에서 만족을 찾고 몰입하게 된다. 일상에서 탈출하는 방법은 '더 큰 만족'을 주는 그 무엇을 찾는 것이다. 삶의 가치가 감동으로 연결되는 일이면 더할 나위 없이 좋다.

❷ 남들이 보지 못하는 것을 볼 줄 알아야 한다.

세상 사람들의 시선이 집중된 곳을 피하라. 남들이 선호하는 안정적인 것보다 더 큰 성취를 이룰 수 있는 일이 분명히 있다. 도전해야만 비로소 보이는 것들이 너무나 많다.

때로는 불안하기도 하다. 불안한 것은 도전이 필요하다는 것이며, 나만이 도전 앞에 설 수 있다. 아기가 계속 넘어지는 것이 현재는 불안해 보이지만, 언젠가는 일어설 것을 의심하는 사람은 없다. 넘어지지 않고 일어설 수는 없다. 따라서 넘어지는 실수를 계속한다는 것은 일어섬을 시도하는 것과 같다. 일어섬의 연습은 잘 넘어지기 위한 연습이고, 넘어짐의 연습은 잘 일어서기 위한 연습이다. 넘어짐을 보지 말고, 그 후를 보라. 파도를 보지 말고 파도를 일으키는 바람을 보라.

야구에서 1루에 발을 붙이고는 2루로 도루할 수 없다. 1루에서 2루로 가려면 1루에서 발을 떼야 한다. 불안하다고 1루에 계속 발을 붙이고 있으면, 2루에 갈 수가 없을 뿐 아니라 점수를 낼 수 없다.

❸ 남들이 하지 않는 것을 해야 한다.

아인슈타인은 "남들이 하지 않은 처음 일은 다 무모해 보인다. 그렇지만 처음부터 무모해 보이지 않는 생각은 아무런 희망이 없다."라고 했다. 처음 시도하는 일이 무모해 보이지 않고 정상적으로 보인다면 성공의 의미가 없다. 무모한 생각에서 엉뚱한 아이디어가 나오고, 생각의 발상 전환에서 듣지도 보지도 못한 상상력이 창조적인 아이디어가 된다.

남들이 하지 못하는 것이 아니라, 남이 하지 않는 것을 해야 창조적인 아이디어가 나오고, 꿈을 현실로 만들어 갈 기회가 주어진다. 남들이 귀찮아하거나 하기 싫어하는 하찮은 일을 말하는 것이 아니다. 남들이 하지 않는 일을 내가 하고 싶어서 하는 것과 하기 싫은데 억지로 해야만 하는 것은 다르다. 마치 백화점에서 내가 사고 싶은 것을 사는 사람과, 살 수 있는 것을 사는 사람이 다르듯이.

❹ 남들이 가지 않는 길을 가야 한다.

이 사람 저 사람이 가는 길은 요란하다. 사람들이 북적여서 복잡하고, 줄을 서서 차례를 기다리는 시간이 지루하다. 내 차례가 오기만을 기다려서 돌아오는 파이는 나눌 수 있는 것이 거의 없다.

현재 나의 모습이 만족스럽지 못하다면, 더 나은 미래를 꿈꿔야 한다. 나의 열망은 나만이 알고 채울 수 있다. 현명한 판단은 뛰어난 지식과 능력이 아닌, 올바른 기준과 방향에서 나온다.

정해진 길을 고집하고, 스펙 쌓는 데 매여서 자기가 좋아하는 길로 가지 못하고 넓은 길을 따라가는 것을 거부하라. 실패한다고 죽지 않는다. 이 말은 도전한다고 죽지 않는다는 말과 같다. 실패를 도전으로 보는 사람은 다시 일어설 수 있다. 그러나 실패를 패배로 보는 사람은 영영 일어설 수 없다. 병들어 죽는 사람보다 실패를 두려워하는 마음이 병이 되어 죽는 사람이 훨씬 많다. 꿈이 없는 절망이 사람을 병들게 하고, 마음의 분노가 사람을 몰락시킨다.

1,000번 이상 실험 끝에 전구를 발명한 토머스 에디슨은 말했다. "나는 전구를 만들기 위해서 1,000번의 실패를 하지 않았다. 다만, 전구를 만들 수 없는 1,000가지 다른 방법을 찾아냈을 뿐이다."

다이슨은 먼지 봉투 없는 청소기를 만들기 위해 15년 동안 5,126번 실패하고 나서야 성공했다. 만약 5,000번에서 도전을 멈추었다면, 5,000번은 제로가 되는 것이다. 다이슨 청소기는 마지막 1이 100이 되는 순간을 위해 도전을 멈추지 않는 사람이 성공하는 것을 보여 준 사례다. 그 마지막 1의 퍼즐을 맞추기 위해 지금도 수많은 사람들이 땀을 흘리고 있다. 성공은 마지막 1을 위해 존재한다.

퍼스트 무버(First Mover)가 되라

보통 사람들이 볼 때 무모하기 짝이 없는 모순덩어리들이 세상의 판도를 바꾼다. 모험이 반드시 필요한 벤처에 뛰어들지 않으면 기대했던 글로벌 시장의 문을 열 수가 없다. 여러분이 큰 꿈을 꾸고 마음껏 도전해보기를 바란다. 상식선에서 접근할 수 있는 것은 많지만, 바꿀 수 있는 것은 아무것도 없다. 사실, 상식에 매달리는 사람만큼 무모한 사람이 없다.

'벤처'는 '모험'이라는 일반적인 뜻이 있지만, '개척과 창조'라는 의미와 함께 '기업가 정신(Entrepreneurship)'이라는 의미도 내포되어 있다. 먼저, 벤처(Venture) 정신인 모험에 적응하고, 돌파해 나갈 수 있는 여러 조건과 능력을 갖추어야 한다. 성공하기까지는 모두가 준비기간이다.

세계적으로 유명한 기업인 애플, 구글, 아마존, 메타, MS, 알리바바,

텐센트, 바이두 같은 인터넷 기업을 여러분이라고 꿈꾸지 말라는 법이
있는가?

우리나라는 인터넷 환경이 좋고 충분한 자원도 있는데 글로벌 인터
넷 기업이 없다는 점이 늘 아쉽다. 2000년대 초만 해도 GE(1위), 엑손
모빌(2위), MS(3위), 시티그룹(4위), 월마트(5위) 순이었으나, 지금은 인
터넷 기업의 세상이 되었다. 삼성을 비롯한 대기업들이 인터넷 사업에
눈을 일찍 돌리지 못한 것을 늘 아쉽게 생각한다. 아쉬우면 늦었다고 쳐
다보지만 말고, 지금부터 만들어 가면 된다. 그 자리가 우리 젊은이들의
자리로 채워졌으면 좋겠다. 승자독식이 정글의 법칙이지만, 즐기는 자
를 따라올 수는 없다. 물감을 아끼면 큰 그림을 못 그리듯, 꿈을 아끼면
성공하지 못한다. 끊임없는 변화와 혁신은 꼴찌가 일등이 되는 기회가
된다는 사실을 증명하면 된다.

'게임기를 잘 만드는 회사'와 '게임을 잘 만드는 회사'는 다르다. 지금
까지 '게임기'를 잘 만들었으면, 이제는 '게임'을 잘 만드는 회사로 전환
되어야 한다. 닌텐도는 게임기 회사에 머물러 있다가 추락했다. 혁신의
아이콘에서 실패의 모델이 된 닌텐도는 지금까지 2억 대의 게임기를 보
급했다. 닌텐도는 디바이스(Device, 기기)로 경쟁하겠다는 생각 자체를
접고, 하드웨어를 빨리 버리고 모바일로 가야만 성공할 수 있었다.

닌텐도가 모바일에 쉽게 뛰어들 수 없었던 이유와 사정이 있다. 만약
닌텐도 게임기에서만 즐길 수 있는 '슈퍼마리오'를 스마트폰용으로 제

공하는 순간, 기존에 깔아 놓은 2억 대의 게임기는 무용지물이 되고 만다. 앞으로 게임기 판매도 끝나 버릴 수 있다는 두려움이 앞으로 나아가지 못하게 했다.

코로나 팬데믹으로 전 세계 경제가 어려운 상황이지만, 게임산업은 불경기에도 오히려 끄떡없는 산업으로 자리매김했다. 게임산업은 지난 10년간 연평균 9.8%의 성장세를 보이며 고부가가치 수출 효자 산업으로 성장했다. 코로나19 감염 예방을 위한 거리 두기로 집콕을 하는 바람에 전 세계의 모바일 게임 사용 다운로드 수는 부쩍 늘었다. 어떤 분야에서든 시대의 트렌드를 읽는 사람들이 꿈을 만들어 가고, 시대의 트렌드를 읽지 못해 시장에서 퇴출되는 산업도 있다. 세상은 그 시대에 길을 여는 사람들에 의해서 발전되고 확산된다.

기업이 시장의 변화를 무시하고 과거 자신들이 성공해 온 방식을 그대로 답습하려는 성향을 '활동적 타성(Active inertia)'이라고 한다. 타성에 젖으면 거기서 벗어나는 게 창업하는 것보다 더 어렵다. 개인이나 회사가 침체기를 겪을 때의 공통점은 지금까지 해왔던 일에 익숙해져서 새로운 일에 뛰어들기를 두려워한다는 것이다. 편안함에 익숙해져 성장을 방해하는 과거의 습관을 혁신하지 못하고 '능숙함의 덫(Competency trap)'에 빠진다. 결국, 닌텐도는 게임기라는 과거의 자산이 오히려 덫에 걸려 딜레마에 빠진 경우다.

다양한 욕구가 있는 미국에서도 정해진 스펙에 따라 평범하게 사는 길을 택하는 학생들이 대부분이다. 미국에서도 졸업하면 일정한 수입이 보장되는 의대에 가장 성적이 좋은 학생들이 모이고, 법학, 경제, 경영, 전자학과가 인기가 높다. 아이비리그 8개 명문대학 등에 입학하려는 경쟁이 우리 못지않게 치열하다. 합격률이 지원자의 4~7% 정도이다.

그런데도 미국이 세계 리더의 위상을 유지하는 이유는 끊임없이 혁신을 주도하는 뉴 프런티어(New Frontier)들이 새로운 지식과 아이디어로 무장하여 계속 도전하기 때문이다. 자기가 좋아하는 일을 할 수 있는 여건이 조성되고, 남이 가지 않는 길을 마다하지 않는 젊은이들로 인해 열기가 식지 않는 캠퍼스와 연구소에는 24시간 불이 꺼지지 않는다. 미국의 젊은이들이 기존에 없던 새로운 질서를 만들고 창조하여 경쟁을 피하고 새로운 시장을 만들어 가고 있다.

마이크로소프트의 빌 게이츠, 메타의 마크 주커버그는 모두가 선망하는 하버드대학에 들어갔지만 중퇴하고 자기가 가고 싶은 길을 갔다. 만일 그들이 스펙에 연연하는 평범한 사람들이었다면, 오늘날과 같은 정보기술 인터넷 시대의 도래는 없었을 것이다.

피터 틸은 《제로 투 원(Zero to One)》에서 0에서 1로, 무에서 유를 창조하라는 메시지를 전한다. 치열한 시장에서는 아무도 이득이 없는 경쟁을 위한 경쟁으로 내몰고, 결국 승자가 없는 치킨게임이 된다. 그러니 기존의 경쟁에 뛰어들지 말고, 경쟁을 따돌리는 독점 기업을 만들라는 말이다.

트렌드를 따라가는 추격자 '패스트 팔로워(Fast Follower)'가 되지 말고, 혁신을 리딩하는 창의적 선도자 '퍼스트 무버(First Mover)'가 되라. 지도 밖에서 길을 만드는 선도형 인재가 되어야 한다.

기약이 없는 기다림이란 생각보다 힘들다. 실리콘밸리에서 성공을 꿈꾸며 스타트업에 뛰어든 젊은이들의 시작(Start)과 성장(Up)이 눈부실 정도로 화려하게 진행되는 것은 결코 아니다. 벤처(Venture)라는 말은 모험, 도전, 개척이라는 뜻을 가진 만큼 그야말로 모험을 거는 진검 승부다. 꿈을 현실로, 불가능을 가능으로 만들 수 있는 혁신적인 기술과 아이디어가 시장에서 경쟁력을 얻기까지는 기약이 없다. 기약 없이 기다리는 것만큼 인내를 요구하는 것은 없다. 인내는 단순히 참는 것만이 아니라, 두려움과 불안을 이기고 넘어서는 과제다.

우리나라의 벤처기업 성공 확률은 10%도 채 안 된다. 어찌 보면 10% 미만의 성공률은 매우 높은 것이다. 모든 샐러리맨의 꿈인 대기업 임원, 청소년들의 선호 직업 1위 공무원의 꽃인 1급(실장, 본부장, 차관보), 군인들의 꽃인 별을 다는 퍼센트는 0.2~0.5%에 불과하다.

중국은 스타트업 신생 벤처기업이 매일 1만 6,000개, 1분마다 7개가 창업된다고 한다. 중국의 스타트업의 성공 키워드는 '원 투 엔드(One to End)'이다. 여기서 엔드(End)는 최종 소비자이다. 일종의 응용(Application)이라 할 수 있다. 응용하는 이유는 미국의 신기술을 따라

갈 수 없기 때문이다. 자구책으로 미국 것을 모디파이(Modify)하는 정책을 편다. 이것은 중국 내 시장에 맞게 비즈니스모델을 만드는 것만으로도 충분한 수익을 낼 수 있는 자원이 있기 때문에 가능한 정책이다.

기술과 아이디어만 있다고 해서 성공하는 것은 결코 아니다. 개인이나 중소기업이 힘들게 제품을 완성해도 생산과 판로에 한계에 부딪혀서, 제대로 생산해보지도 못하고 자본 세력에 넘어가는 경우가 더러 있다. 창투사에 의뢰하면 경쟁력이 있는 기술인지 알 수 있을 뿐만 아니라, 자금조달도 가능한 방법을 모색할 수 있다. 안정된 자금이 없어 엔젤투자를 받으면 사공이 많아지고, 부채가 계속 쌓이면 더는 투자를 받기가 쉽지 않다. 우리나라는 아직 투자의 생태계가 빈약하여 자금에 관한 부분을 적극적으로 고려하여 로드맵을 만들고 예산집행을 해야 한다.

개인이나 중소기업들이 가장 고민하는 것 중 하나는 자본이 부족한 가운데서 경쟁력이 있는 제품을 만들어도, 경쟁기업에서 특허 등을 교묘하게 피하는 제품 범용화로 금방 모방제품을 만들어 내는 것이다. 이러한 상황에서는 기술과 아이디어가 자본 논리에 사장될 수밖에 없다. 형편에 맞게 전략을 짜고, 마케팅도 유튜브, SNS, 모바일 등 온라인 웹으로 광고비가 거의 들지 않는 저변확대가 필요하다.

젊은이들에게는 현재의 가치보다 미래의 가치로 평가받을 수 있는 잠재력과 성장 가능성이 열려 있는 만큼, 꿈꾸는 일에 도전해보면 잃는 것보다 얻는 것이 많을 것이다. 지금까지 많은 계획을 세웠지만, 계획대로 된 것이 거의 없다면 과거의 경험이나 지식에 머물지 말고, 새로운 환경에서 틈새시장을 모색해 보는 것도 좋은 기회라 생각한다. 전혀 없던 새로운 길을 만들어 가려면 시간과 아이디어, 자본도 필요하다. 차별화 전략으로 가면서 보완하고 수정해서 소비자의 마음을 움직일 수 있는 인터페이스(Interface)를 계속 생각하면 분명히 답이 있다.

그러면서도 지금까지 그래왔던 것처럼, 또 계획을 세우지 않으면 불안하고 경쟁에서 뒤처지는 듯한 불안감이 몰려올 것이다. 계획을 위한 계획으로 그칠 때가 있다. 이전과는 다른 도전으로 심기일전하면 새로운 것이 반드시 보일 것이다.

오늘은 작지만 중요한 일을 하고, 내일은 내가 할 수 있는 일부터 시작하면 된다. 작은 일, 가능한 일부터 시작해야만 지속성을 유지할 수 있다. 그런데 20대에 이런 일을 해서 이런 사람이 될 것이고, 30대는 어떤 목표에 도전해서 꿈을 이룰 것이라는 식의 계획은 빗나갈 확률이 높다. 무엇을 이루고 무엇이 되겠다는 것보다, 뭔가 새로운 것을 찾고, 배우고, 잠자는 잠재력을 깨워 상상력을 넓히는 새로운 시도가 필요하다. 새로운 것과 마주치는 설렘이 아니면 쉽게 지친다. 전에 하던 일은 타성에 젖고 습관이 되어 진지하게 생각하지도, 관찰하지 않아도 된다고 여긴다.

흥미를 일으키는 일은 몰입하게 되고, 나도 모르는 상상력이 동원된다. 여기서 상상력은 목표에 대한 상상력이 아니라, 사막 한가운데서 오아시스를 찾은 것처럼 환희의 순간을 즐기는 상상력이다. 상상력은 사막에 아무것도 없듯이 애초부터 정해진 길도 없고, 방법도 없고, 정답도 없는 무풍지대(無風地帶)다.

꿈을 꾸는 것은 쉽지만, 꿈을 이루는 것은 어렵다. 누구나 꿈을 꿀 수는 있지만, 누구나 꿈을 이루지는 못한다. 사람들은 여러 사업계획을 세우는 데는 익숙하다. 거의 스케줄 관리전문가 수준이다. 문제는 실행 능력이다. 실행이 어렵게 느껴지는 것은 실천 가능한 포트폴리오(Portfolio)를 만들지 않아서 그렇다.

포트폴리오가 자신의 이력이나 경력을 한눈에 알아볼 수 있도록 스마트하게 만든 파일인 것처럼, 꿈을 향해 달려가는 로드맵이 선명해야 한다. 실천이 어렵게 느껴질수록 시간을 세분화해서 디테일하게 계획을 세워야 한다.

특히 새해가 되면 큰 것부터 작은 것까지 놓칠세라 토씨 하나까지 점검하고, 거의 기업 수준으로 플랜을 만든다. 도전하는 사람마다 일정표대로 다 소화하면 '성공'이라는 단어가 없었을 것이다.

만약 여러분이 다른 해와 다르게 새로운 시도가 있었다면, 비록 성공하지 못했을지라도 성과가 없는 것은 아니다. 실패가 아니라 절반의 성공이다.

바보 같은 실패가 아니라면, 다시는 실패했던 것을 반복하지 않을 것이다. 똑똑한 실패가 될 것이다. '우유를 아무리 쏟아도 젖소만 잃어버리지 않으면 된다.'는 텍사스 격언처럼 말이다.

바꾸거나, 바뀌거나

한국 경제 턴어라운드(Turn around) 경영 즉 침체된 기업을 살리는 정책 전환이 시급하다. 벤처기업의 신성장 동력 확보와 고급 일자리 창출을 위해서는 벤처기업 육성이 답이다. 지금까지 정부 지원정책은 자금에만 집중돼 있었다. 그래서 연구소와 기업의 연계 지원 생태계가 자리 잡지 못한 경우가 많았다. 스타트업 친화적 인프라를 구축하기 위해서는 규제 샌드박스를 확대하고, 신규 벤처투자 전용펀드 조성이 반드시 필요하다. 엔젤투자 규모를 확대해서 창업 붐을 일으켜야 미래의 먹거리를 확보할 수 있다.

스타트업을 준비하는 사람은 '세상을 변화시키겠다.'는 꿈을 안고 도전한다. 세상을 내가 변화시키든지, 내가 변화되든지 선택을 강요하고 있다. 내가 변화하지 않으면, 시대의 변화라는 물결이 우리를 낭떠러지로 밀어 낙오자로 만든다. 시대의 변화를 맞이할 때마다 새로운 리더가 만들어지는 만큼, 또한 낙오자들이 생기기 마련이다. 자신이 시대의 변화에 적응하지 못하는 낙오자라고 생각하는 순간 모든 것을 잃은 듯한 부정적인 감정에 매몰된다. 부정적인 감정을 털어내고, 다시 힘을 내서 잠시 휴식과 재충전의 시간을 가지면서 새로운 시작이라는 마음을 가져야 한다. 포기하면 지는 것이다. 포기가 나를 흔들거나, 내 마음에 자리 잡지 못하도록 처음부터 완벽하게 거부해야 한다. "다음에는 내가 바뀌는 것이 아니라, 내가 세상을 바꿀 것이다."라는 기백이 가슴을 뛰게 해야 한다.

내가 근무하기 훨씬 이전에 IBM은 왓슨 2세 때 50억 달러라는 천문학적인 비용을 투자해 1964년 시스템 360시리즈 개발에 성공했다. 가장 대표적이고 성공적인 메인 프레임(Mainframe, 기업용 대형 컴퓨터)인 시스템 360이 개발되었을 당시 〈포춘〉지는 무모한 도박이라며 부정적인 기사를 내보냈지만, IBM은 타의 추종을 불허하는 기술력을 보유하게 되어 컴퓨터 제국을 구축했다.

1980년대까지 IBM은 중대형 컴퓨터와 개인 PC로 초창기의 컴퓨터 시장을 완전히 장악했다. 그러나 90년대에 점점 비대해지면서 공룡화되어 갔다. 아쉽게도 IBM의 첫 영광은 여기까지였다. 시스템 360으로 컴퓨터 업계를 석권한 IBM은 자만하여 일선 시장의 변화에 둔감했고 개혁의 소리에 경청하지 않았다. 과거 성취의 달콤함에 취해 소비자와 시장이 요구하는 변화에 부응하지 못하고, 안일한 경영방식이 멸망을 자초하게 되었다.

시장은 급속도로 대형 컴퓨터에서 소형 컴퓨터로 바뀌고 있었다. 일선 영업사원들과 마케팅 담당자들이 현장 상황을 계속 보고했지만, 비대해지고 배부른 조직은 위기를 받아들이고 움직이려 하지 않았다. 그 결과 IBM은 하드웨어는 델과 HP에, 소프트웨어는 마이크로소프트의 공세에 밀리고, 퍼스널 컴퓨터 분야는 애플에 시장을 내어주고 말았다.

결국, 2005년에 PC 사업부가 중국 레노버에 매각되면서 정보화 시대의 신기원을 열었던 'IBM PC' 시대는 역사 속으로 사라졌다. 어제는 내일의 적이다. 역설적이지만 어제가 성공적일수록 내일의 더 치명적인 적이 된다. 내가 근무했던 IBM이 좋은 예가 되고 있다는 사실이 많은 것을 생각하게 한다.

제2기의 IBM은 기업에 통합적 IT 솔루션을 제공하는 컨설팅회사로 다시 태어났다. 2000년대 초반 IBM 중점사업을 서비스 분야로 전환하여 컨설팅, 소프트웨어 및 서비스 비즈니스 매출이 전체 매출의 60%를 차지하는 통합 솔루션 회사로 거듭났다. IBM에서 1997년 인공지능(AI) 슈퍼 컴퓨터 딥블루가 체스 세계 챔피언을 이겨 본격적인 인공지능 시대가 열렸다.

이후 IBM은 새로운 도전을 했다. 미국 텔레비전 퀴즈 쇼인 제퍼디(역사, 문학, 예술, 과학, 스포츠, 세계사 문제 퀴즈)에 2011년 '왓슨(Watson)'은 74번 연속 우승 기록 보유자인 퀴즈 달인 켄 제닝스 제퍼디 챔피언을 꺾었다. 두 번째로 IBM이 매스컴에 대서특필되는 날이었다. 왓슨은 사람의 목소리를 인지하고, 사람의 질문에 답을 찾아 음성으로 말하는 인공지능이다. 인간의 복잡하고 방대한 언어를 이해하고 답할 수 있어, 각 단어들의 상관관계를 분석해서 판단하는데 최적화된 인공지능 슈퍼컴퓨터다. 그때 회사에서는 참여한 직원들에게 포상금을 지급하고 휴가도 다녀오게 했다.

이 왓슨을 개발하기 위해 개발팀은 5년 동안 땀을 흘렸다. 물론 내가 속해 있던 경영마케팅 팀도 전략을 짜고 지원을 아끼지 않았다. 왓슨은 4테라바이트(terabyte) 디스크 공간에 2억 페이지가 시스템화된 콘텐츠다. 나는 왓슨을 보면서 신기했지만, 한편으로는 두려움을 느낄 정도로 인간과 닮아 있었다. 인간의 두뇌는 한계를 느끼지만, 인공지능 컴퓨터는 한계를 모르고 진화하고 있다는 생각에 섬뜩하기도 했다. 그렇다고 기업들이 인공지능 개발을 멈추어 세울 리가 없고, 오히려 경쟁적으로 막대한 돈을 투자하면서 기업의 운명을 걸 것이다. 속도를 내면 낼수록 성공 방식에서 멀어지는 기업들이 생기게 마련이다.

자동차가 수렁에 빠졌을 때 가속 페달을 밟으면 더욱 수렁에 빠진다. 이처럼 시장 상황이 전과 같지 않은데도 수정하지 않고 과거의 성공 공식을 고집하다가 결국 몰락하고 만다는 것을 여러 사례에서 학습할 수 있다.

'리더는 많지만 탁월한 리더가 없다.' 그리고 '존경받는 경영자가 없다.'는 말을 자주 듣게 된다. 벤처로 성공하려면 스프린터(단거리 선수)

가 아니라, 42.195㎞를 달리는 마라토너가 돼야 한다. 기업도 마라톤처럼 속도만이 아니라 지구력이 중요한 요소다. 생존할 수 있는 방법은 앞으로 나아가는 전략밖에 없다.

지금 15억 명이 사용하는 메타가 수익을 내고 상장하는 데 7년이 걸렸다. 우리나라는 어떤가? 1~2년에 결과가 없으면 대부분 포기하고 만다. 우리 사회는 여전히 압축성장의 그늘에서 거북이처럼 아직 '달콤하게 자고' 있다.

오늘 일어나 걷지 않으면 내일은 뛰어야 한다. 뛰지 않으면 넘어진다. 넘어지면 다시 일어나야 하므로 걷거나 뛰는 것보다 힘들다.

도대체 무엇을 하면 되나요?

웬만한 대기업 채용 경쟁률이 100대 1이 넘는다. 취업이 대학 입시보다 어려운 시대로 접어들었다. 서점에는 삼성 고시, 현대 고시, LG 고시에 대비하는 수험지침서가 300종에 이른다고 한다. 요즘 젊은이들이 대기업에만 몰리는 것은 보수와 안정성 측면에서 중소기업들과 현격한 차이가 있기 때문이다. 기업에 들어가 자신의 역할을 어떻게 찾고 발전시킬지에 대한 미래 비전보다, 현재의 평판을 훨씬 더 중요시하는 경향이 있다.

"중소기업 다니면 맞선 보기도 힘들다."라는 요즘 세태가 젊은이들을 더 대기업으로 몰아가고 있다. 그러나 한 번에 수백 명, 수천 명을 뽑는 대기업에서 개인의 역할과 능력은 '죽 떠먹고 난 자리'처럼 표시가 나지 않는다. 반면 규모가 작은 중소기업에서 능력을 발휘하면 개인이 돋보일 수 있을 뿐만 아니라 회사도 함께 발전할 수 있다.

90

글로벌 회사의 직원들 중에는 대기업 출신보다는 중소기업에 들어가 두각을 나타냈거나, 주변 사람들과 함께 창업한 경험이 있는 사람들이 많다. 일본에서 '살아 있는 경영의 신'으로 존경받는 이나모리 가즈오 교세라 창업주도 지방 공대와 공고 출신 몇 명을 데리고 사업을 시작했다.

우리 경제가 양질의 일자리를 더 많이 만들어 내는 일은 중요한 과제다. 하지만 무엇보다도 젊은이들이 더 넓은 세계에 눈을 뜨고 꿈을 키워 나갈 수 있도록 훈련하고, 실패해도 다시 일어설 수 있는 창업환경을 만들어 진로 선택의 폭을 넓혀 주어야 한다.

취업이 불안해지면서 취준생들이 공무원 시험에 몰리는 기현상이 벌어지고 있다. 다른 직업과 비교해 공무원이 안정적이며 노후까지 보장되고, 여유로운 시간을 누릴 수 있어 너도나도 뛰어들고 있다. 정년이 보장되는 유일한 직업이기도 하다.

2021년 국가공무원 공개채용 선발 인원은 6,450명이었다. 1981년 이후 40년 만에 가장 많은 인원을 선발했다. 2021년부터 도입되는 국민취업지원제도와 고용보험 확대 시행에 따라 현장 공무원 인력이 대거 필요하다는 이유였다. 공무원은 국가에서 세금으로 40년 정도 재정 부담을 해야 한다.

9급 공채 시험은 평균 35:1의 경쟁률을 보였고, 가장 경쟁률이 높은 직군은 교육행정직으로 282:1이었다. 주요 기업들이 수시 채용을 도입하면서 대학 졸업을 앞둔 취준생들이 공무원 시험에 자연스럽게 응시

한 여파일 수도 있다. 월급이 많은 회사보다 정년퇴직이 보장되는 철가방 직장으로 우수한 인력들이 몰리는 현상이 참으로 안타깝다.

사회와 국가는 젊은이들이 벤처 정신에 적응하고 돌파해 나갈 수 있는 능력을 보여 주길 원한다. 공무원이 될 능력과 에너지가 있으면, 프레임에 갇히는 새장보다 더 넓고 높은 곳으로 비상할 기회를 만들어 갈 수 있다.

젊은이들을 상대로 강의를 하고 나면 찾아와서 질문을 한다.

"지금까지 무엇을 하려고 결정한 것이 없습니다. 무엇을 하면 좋을까요?"

나는 다음과 같은 요지로 말해 준다.

"지금 결정한 게 없는 것이 어쩌면 큰 장점이 될 수도 있다. 아직 원석이 다듬어지지 않아서 그렇다. 어설프게 손을 대는 것보다 정교하게 디자인해서 작품을 만들어 가면 훨씬 가치 있는 보석이 될 것이다."

'반풍수 집안 망친다.'는 말이 있다. 이 말은 못난 것이 도리어 잘난 체하다가 명산을 모르고 묘를 폐한다는 뜻이다. 어중간하게 시작해서 무엇이 되는 것 같으면서도 안 되고, 안 되는 것 같으면서도 되는 것 같은 어정잡이는 아예 안 하는 것보다 못하다. 디자인이 안 된 상태에서 손을 대면 제자리로 돌리는 것이 더 시간이 걸리고 어렵다.

비록 늦게 시작했다는 어려움에 직면했다 할지라도 걱정할 필요가 없다. 늦게 시작한 만큼 멀리서 넓고 깊게 조망하고, 모디파이드

(Modified) 할 수 있는 장점이 있다. 닫힌 문을 보지 말고 열린 문을 바라보고 들어가면 된다. 인생의 길은 확률이 아니라 확신으로 가야 한다.

무엇을 하면 잘할 수 있을까? 이것은 동서고금 남녀노소 할 것 없이 태생적 고민이다. 자신의 체크리스트를 만들어 장점과 단점을 적어보고, 보완하고 극복해야 할 것이 무엇인지 100가지 정도 찬찬히 적어보면 퍼즐이 하나하나 맞춰지기 시작한다. 자신을 잘 모르겠다면, 내가 어릴 때부터 지금까지 무엇에 흥미가 있었고 관심이 많은지 지나온 과거를 탐색 연구(Pilot study)해보면 하나씩 떠오를 것이다.

지금까지 살아오면서 존재한 나로서만 피상적으로 인식했지, 내가 가지고 있는 성향과 역량을 객관적으로 조명하고 주의 깊게 살펴보지 않았을 것이다. 자기 자신을 잘 모른다는 것이 아이러니하지만, 내가 나를 아는 데 주의를 기울이고 집중해야 한다는 사실에 쉽게 동의하기가 어렵다.

응당 잘 알고 있을 것이라는 '딜레마의 함정(Trap of dilemma)'에 빠진다. 탐색 연구로 자신을 알아가는 것을 '관찰(Observation)'이라고 한다. 관찰은 인식하고 활동하는 주체를 객관적인 사실에 근거하여, 의식적으로 개념화된 일을 지속적으로 수행하는 것이다. 관찰은 예측하는 것과는 다르다. 예측은 객관적인 데이터를 기준으로 미리 헤아려 짐작으로 판단하고 결정하는 것이다. 예측은 다른 변수를 얼마든지 만들어낼 수 있어 추론하는 통계에도 인정받지 못한다. 우리의 소중한 인생을 미루어 짐작하여 예측한 것으로 진로를 결정한다는 것은 너무 무책임한 처사다. 예측은 예감일 뿐이다.

기상예보가 예측의 대표적인 사례다. 경험적 예측과 통계 데이터로 비슷하게 접근은 할 수 있지만, 미루어 짐작하는 것은 틀려도 책임에서 자유롭기에 차선의 선택이다. 일기예보가 빗나갔다 하여 책임을 지는 사람이 없는 것과 같다. 비슷한 것은 비슷한 것이지, 똑같은 것은 아니다.

❧

나의 인생은 내가 온전히 책임을 져야 한다. 인생의 진로를 막연하게 예측한 동기로 시작하면 안 된다. 시작할 때 아주 미미한 차이가 나중에는 예측하기도 힘들 정도로 의도했던 목표와 전혀 다른 방향으로 흘러가는 것을 경계해야 한다.

예를 들면, 화살 시위를 당길 때 1도의 차이가 과녁에 도달할 즈음에는 행방을 알 수 없을 정도로 목표지점에서 크게 빗나간다. 군대에서는 사격 훈련을 할 때 빗나간 표지판을 들고 가늠자와 가늠쇠를 꼭짓점에 일치시켜 정조준을 수없이 하면서 영점(기준점) 사격을 한다.

자신에 대한 평가도 엄격하게, 계획도 세밀하게, 실행도 거침없이 해야 한다. 지금 위대한 일을 시작하라. 위대한 사람이 위대한 일을 하는 것이 아니라, 위대한 일을 시작하는 사람이 위대한 것이다. 위대한 사람은 태어나는 것이 아니라 만들어지는 것이다.

진로를 선택하는 일은 인생의 방향을 결정하는 것이다. 서두르지 말고 넓은 시각을 가지고 할 수 있는 일에 집중하라. 스티브 잡스는 스탠 퍼드 대학 졸업식에서 "배부른 사자는 먹잇감을 위해 최선을 다하지 않 는다."라고 했다. 절대로 배부른 사자가 되지 마라. 항상 갈망하라. 그 리고 수많은 거절을 즐겨라. 이 거절은 나를 강하게 하고, 무엇이 잘못 되었는지 방향을 바로 잡아준다. 거절이 없었더라면 성공한 비즈니스 는 단 하나도 없었을 것이다.

위기는 늘 새로운 모습으로 찾아온다. 모든 어려움에는 기회가 있다. 삶에서 이것을 늘 기억해야 한다.

자본전쟁에서 살아남는 법

지키려는 자와 빼앗으려고 하는 자가 벌이는 경제전쟁이 승자독식으로 흘러가고 있어서 양극화 현상이 더욱 뚜렷해지고 있다. 국가뿐만 아니라 기업과 개인의 소득 격차도 갈수록 선명하게 차이가 나고 있다. 누군가는 이전보다 더 많이 가지겠지만, 다른 누군가는 있는 것을 내놓아야 하는 자본전쟁이다. 무역전쟁, 기술전쟁, 지정학전쟁이 바로 자본전쟁이다. 미국과 중국이 서로 투자금지법을 만들겠다고 으르렁거리고 있다.

그렇다고 자본을 분배의 문제로 접근해서 똑같이 나누면 좋을 것 같지만, 평등이라는 이름으로 분배하면 국가와 기업들이 제도화되고 망하는 것은 시간문제다. 자본전쟁이 보호무역주의로 흐르고 있는데, 우리나라처럼 수출해야 산업이 돌아가는 나라는 자유무역주의가 되어야 한다. 국가가 부강하다는 것은 경쟁력 있는 글로벌 회사가 여럿 있고,

기업의 낙수효과(Trickle dawn effect)로 자본을 축적하는 부자들이 많다는 것이다.

우리나라는 철새가 대륙을 횡단하듯 야성의 본능으로 살아가지 않으면 안 될 정도로 영토가 좁다. 끊임없이 이동하면서 더 넓은 시장을 개척하고, 지구촌을 하나로 연결하는 글로벌 네트워크를 만들어 가야 한다.

세계 230개국 중 선진국이 20개국이다. 자원으로 분류했을 때 우리나라는 30등이다. 선진국의 요건을 지하자원과 인적자원으로 조사한 것에 의하면, 우리나라는 지하자원이 거의 없다. 그래서 거의 모든 원자재를 수입하고 있다. 먹거리의 28%를 차지하는 밀가루는 100% 수입하고, 곡물도 75%를 수입하는데, 제대로 자족(自足)되는 것은 쌀 정도이다. 철근(철광석), 알루미늄, 스테인리스강, 목재, 옷(면), 폴리에스테르(합성섬유), 양모 등은 모두 100% 수입 품목이다.

전 세계 230개국 중 104개국에서 석유가 나온다. 해양을 끼고 있어서 석유가 많이 나올 것 같은 우리나라는 석유가 전혀 나오지 않고, 일본은 조금 나온다. 우리의 내수시장은 중국이나 일본처럼 국내 시장만으로 소비가 진작될 수 있는 인구가 부족하여 해외로 눈을 돌릴 수밖에 없다. 세계 시장이 아니면 무대가 없다는 절박함으로 혁신을 추구하고, 한 차원 높은 수준의 질서를 만들어 가야 할 운명에 처해 있다.

이를 위해 우리나라는 먼저 개발도상국에게 통일된 기준에 부합한 환경을 만들어 가는 글로벌 스탠더드가 되어야 한다. 그 나라의 관습과 식생활에 부합하는 제품을 공급하고, 문화에 친숙한 현지화 전략으로 정착해야 한다. 다행히 국내 가전업체는 현지 전략으로 성공하고 있다.

지금까지 세계의 표준은 단연 미국이다. 세계 경제에 30% 영향을 미치고, 전 세계 자동차 4대 중 1대가 미국에서 나온다. 미국이 세계 리더 국가로 불리는 이유는 몇 가지로 요약할 수 있다.

❶ 미국이 세계 식량의 5분의 1을 담당하고 있다.

전 세계의 이상기후로 식량부족 사태가 세계적인 대재앙을 불러올 수 있다는 위기감이 있다. 앞으로 먹거리가 무기가 될 시대가 반드시 올 것이다.

애그테크(Agtech)는 농업과 기술의 합성어로 첨단기술을 농산물 생산에 적용하는 기술이다. 신기술을 이용하여 사람의 노동력보다 획기적으로 생산성을 높일 수 있어서 식량부족 사태의 대안으로 부상하고 있다. 마이크로소프트(MS)의 창업자 빌 게이츠와 버크셔 해서웨이의 CEO 워런 버핏, 소프트뱅크의 손정의 회장 등이 적극적으로 투자하고 있는 분야이기도 하다.

글로벌 시장 분석업체 피치북에 따르면, 2021년 3분기에만 애그테크에 모인 투자금이 32억 달러(약 3조 7,800억 원)이다. 1월부터 9월까지 600개 이상의 관련 스타트업에 투자가 집중되어, 누적 78억 달러(약 9조 2,118억 원)가 모였다. 매년 20% 이상 증가하고 있는 것을 눈여겨보아야 한다. 앞으로 식량은 먹고사는 문제가 아니라 생존과 관련이 깊다.

❷ 미국은 군사력이 막강하다.

단일국가의 군사력으로는 미국을 절대 이길 수 없다. 이 점을 확실하고 극명하게 보여 주는 보고서들이 많다. 미국은 전쟁 억지 정책과 전쟁 예방 정책을 동시에 펴고 있다. 세계보안국가라는 명성을 잃지 않으려고 위성국가의 방위를 위해 군사동맹을 맺고 막대한 군비를 부담한다. 미국은 세계연합군을 압도할 만큼의 정밀하고 포괄적인 첨단무기를 보유하고 있다. 국방비만 해도 미국은 중국의 2.5배를 사용한다. 우리나라는 국방비 지출이 세계 10위인데, 미국이 우리보다 13.5배 많이 지출하고 있다. 중국이 미국을 따라잡으려고 기를 쓰지만, 기초과학, 소프트 IT에서 기술력의 차이가 현저하게 드러나기 때문에 시간이 필요하다.

❸ 미국은 IT 강국이다.

지금은 정보화 시대이고 IT 디지털 산업의 시대다. IT 디지털 강국이 산업에서부터 국방력까지 세계를 아우를 수 있다. 전 세계 IT의 독보적인 위치를 점유하고 있는 기업들은 모두 미국 기업이다. IT 강국이라는 말은 미국을 제외하면 떠오르는 나라가 없을 정도다.

우리나라는 하드웨어 개발과 도입 기준으로 '세계 최초'의 CDMA(분할다중접속), 휴대폰 컬러 액정, 와이브로, 5G 이동통신 서비스를 스마트폰에 상용화했지만, 소프트웨어는 민망할 정도로 내세울 것이 없다. 세계 최초를 좋아하는 우리는 '세계 최초'에 만족하지 말고, '세계 최고'를 지향해야 한다. 아직은 차세대 성장주도산업으로 견인할 펀더멘털이 부족하다. 최고의 기술인 카운터블로(Counterblow)가 아직 없다.

이것은 전투에서 이기고 전쟁에서 지면 아무 의미가 없는 것과 같다.

❹ 미국은 대학생들의 학구열이 높다.

인적자원은 교육과 연구에서 나온다. 영국 글로벌 대학 평가기관 QS(Quacquarelli Symonds)에서는 매년 세계대학 순위(World University Rankings)를 발표하고 있다. QS는 세계 약 5,500개 대학을 대상으로 연구, 교육, 졸업생, 국제화 등 크게 4개 분야를 평가해 1,000위까지 순위를 매긴다.

2020년 QS에서 발표한 자료에 따르면, 한국대학 순위는 서울대학교(37위), KAIST(39위), 고려대학교(69위), 포항공과대학교(77위), 연세대학교(85위), 성균관대학교(99위)였다. 세계 100위 안에 드는 국내 대학은 6개뿐이었다. 세계 200대 대학 중 미국 대학교가 65개 차지하고, 상위 톱5가 모두 미국 대학이었다. 미국 대학교 캠퍼스는 불이 꺼지지 않는 것으로 유명하다.

PART 3 창조적
파괴자가 되라

창조적으로 실패하라

낡은 집을 새집으로 바꾸어 보겠다고 무던히 애를 써도 자신이 구상한 새집을 얻을 수 없다. 헌 집은 아무리 손을 봐도 새집이 될 수 없기 때문이다. 아예 낡은 집을 뜯어내고 새집을 짓는 것이 훨씬 효율적이다. 새집을 소유할 사람은 헌 집에 연연할 이유가 전혀 없다.

창조적인 사람은 낡은 집과 낡은 제도를 과감하게 깨부수고 새로운 집과 제도를 마련한다. 이것이 경제학자 슘페터가 말한 '창조적 파괴 (Creative destruction)'이다. 또 다른 말로 하면 '창조적 경영(Creative management)'이다.

자본주의의 역동성은 창조적 파괴에서 나온다. 창조적 파괴는 실패를 인정하고 새로운 틀을 만드는 것이다. 성공이 불가능했던 이유를 실패에서 찾고 창조적인 혁신에 나서는 것이다. 낡은 시스템을 고치고, 유능한 인적자원을 배분하여 새로운 것을 창조하고 변혁을 일으키는 '기술혁신'에서 답을 찾아야 한다.

게임 콘텐츠 '헌티드 쇼콜라티에'로 유명한 에릭 바론은 대학을 졸업
했으나 취직을 하지 못해 아르바이트를 전전했다. 생활고에 시달렸지
만 게임에 대한 열정은 식을 줄 몰랐다. 그는 컴퓨터 프로그래밍을 공부
하지 않았으나, 게임에 대한 열망으로 6년간 시행착오를 거치면서 혼자
프로그래밍, 그래픽, 코딩, 배경 음악 등 모든 제작을 했다. 그 게임은
2016년에 출시되자마자 15일 만에 45만 카피가 팔렸다. 2년 뒤 2018
년에는 무려 300만 판매 기록을 세웠다. 2년 동안 그가 벌어들인 수익
은 300억 원이 넘는다. 6년 동안 실패를 반복한 끝에 드디어 빛을 본 것
이다.

사업을 앞두고 있거나, 일이 잘 풀리지 않는 사람들과 대화할 때, 가
장 먼저 묻는 것이 있다.
"실패해본 적이 있습니까?"
만약 실패한 경험이 있다면, 두 번째 질문을 한다.
"실패를 통해 배운 것이 무엇입니까?"
실패가 아니면 배울 수 없는 것을 배우고, 실패를 통해 리스크를 줄이
고, 해결할 수 있는 더 나은 방법을 찾을 수 있다. 원인 없는 결과는 없
다. 원인을 알면 답은 언제나 가까운 곳에 있고 나로부터 시작한다는 사
실과 마주한다. 이것을 나는 '창조적 실패', '멋진 실패'라고 한다. 성공은

실패를 딛고 일어서기 때문에 실패의 가치를 과소평가하거나 멀리하면 안 된다.

그리고 끝으로 이렇게 질문한다.

"이 일에 뜨거운 열망이 있습니까?"

열망을 따라가는 것은 일을 사랑하는 것이고, 가슴을 뛰게 하는 것이다. '이 일이 아니면 안 된다.'라는 신념과 열정이 있으면, 언젠가는 성공의 문을 열 수 있다.

성공의 반대말은 실패가 아니라 포기다. 포기할 수밖에 없는 상황에서 물리적 압력에 굴복하는 것과 더 나은 것을 선택하는 자발적 포기는 다르다. 하지만 그 어떤 포기도 실패라고 말하기는 이르다. 단지, 아직 준비가 부족하고 나의 때가 아니라고 생각하라. 실패는 또 다른 시도이다. 포기하지 않으면 그것으로 충분하다. 내가 포기하지 않으면 그 누구도 포기하게 할 수 없고 실패로 규정할 수 없다.

사업을 열심히 하다가 방향이 틀려서 실패하면, 방향을 수정하고 보완하여 조금씩 자리를 잡아 가면 된다. 너무 서두르지 말고 조급해하지 마라. 시도도 해보지 않고, "해도 안 될 것 같다."라고 말하지 마라. 그러면 희망의 문이 완전히 닫힌다.

안 된다고 하면 안 되는 이유가 너무 많아 나열하기도 벅찰 정도다. 안 되는 이유가 존재하는 것이 아니라, 안 된다는 생각이 존재할 뿐이다.

되는 이유는 없는 것이 아니라, 헤쳐나갈 자신이 없어 숨겨져 있다. 주위에 반대하는 사람의 소리만 들린다. 반대하는 사람은 가장 가까이 있는 가족과 친한 사람들이다. 그들이 제일 먼저 뜯어말린다. 나에 대해 잘 아는 것이 오히려 방해되는 경우가 많다.

　실제로 성공할 확률보다 실패할 확률이 훨씬 높기 때문에 수치를 갖다 대며 반대할 명분은 차고 넘친다. 주위에 실패한 사람이 널려있기 때문에 확실한 물증도 많다. 그러나 성공할 만해서 처음부터 성공한 사람은 없다. 시작은 너무나 초라하지만, 남을 설득하고 이해시킬 시간에 자기 일에 집중하며, 자기 길을 묵묵히 걸었던 사람들이 세상을 바꾸어 가고 있다.

　스티브 잡스는 애플을 창업하고 10년 만에 직원 4,000명을 둔 20억 달러 자산의 회사로 성장시켰다. 아이팟과 아이튠즈로 음악 유통산업 구조에 혁신적 변화를 주도하고, 아이폰과 앱스토어를 통해 기존 휴대폰 시장의 패러다임을 완전히 바꾸었다. 스티브 잡스는 아이폰과 아이패드로 스마트기기 혁명을 이끌며, 현재 우리가 사용하는 디지털 모바일 생태계를 만드는 데 결정적인 역할을 했다. 우리가 다른 차원의 세상을 경험하는 방식의 바탕은 스티브 잡스가 이루어 놓은 것들이다. 단순한 기술혁신이 아니라, 어플과 같은 소프트웨어를 구입하는 새로운 소비패턴까지 창출했다.

　아이폰이 출시된 이후부터 유연한 사고를 가진 기업 메타, 에어앤비, 우버, 아마존, 로컬모터스 등이 탄생하기 시작했고, 이런 기업들은 자원을 소유하지 않고도 기존 자원을 활용하여 생태계를 만드는 데 성공했다. 스마트폰이 없었으면 존재하지 못할 산업들이 지금도 늘어가고 있다.

성공한 기업들의 이면에는 수많은 시행착오가 있었다. 성공의 그늘에 가려져 드러나지 않았을 뿐이다. 나 역시도 마찬가지다. 실패는 나를 성숙하게 해주었을 뿐만 아니라, 나를 일깨우고 나아가야 할 방향을 조정해 주었다. 포기하고 싶을 때 성공해야 하는 이유와 열망이 다시 나를 일으켜 세웠다. 희망이 절망으로 바뀌는 순간에도 넘어진 자리에서 일어나면 한 번의 작은 성공이 완성됨을 알게 해주었다. 성공하기 위해서 식어가는 가슴을 다시 뛰게 할 그 무엇을 찾고, 문을 두드려 열어가는 것을 반복하는 수많은 날이 필요했다.

한 세미나에서 만난 기업 회장은 이렇게 회상했다.

"블랙컨슈머(악성 소비자) 때문에 회사가 홍역을 치르기는 했지만, 이 정도로 성장할 수 있었던 건 까탈스러운 고객 덕분이다. 그래서 여러 기관에서 까다로운 기술 인증도 받게 되었다."

힘들고 어려울수록 정면 돌파를 해야만 문제가 해결된다. 기업 스스로 개선 의지가 없으면, 외부의 충격을 받아서라도 한 단계 성장하는 계기가 된다. 가장 어려운 일부터 해결해 나간다는 개혁 의지가 매우 중요하다. 어려운 일을 처리하고 나면 나머지는 누가 해도 쉽게 할 수 있다. 이것이 경쟁력이고 차별화다. 리더의 의지가 기술혁신을 불러오고, 시스템의 변화를 가져온다. 힘든 일을 미루고 피하기만 하면 문제는 늘 그대로 남아서, 앞으로 나아가고자 할 때마다 멈춰 세우는 걸림돌이 된다.

2009년 스마트게임 '앵그리 버드'가 출시되었다. 전 세계 60개국 앱 스토어에서 1년 이상 게임 분야에서 1위를 했다. '앵그리 버드'가 히트하기 전에 51개의 게임을 연속으로 내놓았는데, 모두 성공하지 못했다. 그래서 51전 52기의 성공 신화로 유명하다. 만약 51번째 개발에서 멈추었더라면, 51번까지의 시도는 제로가 되는 것이다. 51번 실패할 때까지는 희망이 보인다고 말하지 않는다. 이날을 핀란드 헬싱키에서는 '실패의 날(Day for failure)'로 기념한다. 실패로부터 배우자는 의미로 제정되었다.

실패가 발목을 잡았다면, 앵그리 버드는 세상에 나오지 못했을 것이다. 좋은 제품은 시도할 수 있는 실패를 '모든 분야에서 다 저질러본' 사람들이 만들어 낸 작품이다.

당신은 성공했는가? 아니면 실패했는가? 이렇게 물으면 1번 성공하고 51번은 실패했다고 할 것인가? 아니면 51번의 작은 성공을 통하여 52번째 완성되었다고 할 것인가?

실패는 인생에서 가장 좋은 선생이자 경험자로, 무엇을 개선하고 보완해야 하는지 생생하게 알려준다. 만약 실패가 없다면 내가 무엇을 잘해야 하는지도 모른다.

물론, 모든 실패가 성공의 길을 보장하지는 않는다. 똑같은 것을 반복해서 실패하는 것은 바보들의 실패다. 실패를 통해 알아가고 더 나은 방법을 찾는 길라잡이가 좋은 실패다.

　미국에서 서핑을 배울 때 널빤지 위에 올라가기 위해 많은 물을 먹었다. 서핑을 배우다가 넘어지고 물을 먹는 것은 실패가 아니라, 배우는 과정 중의 일부였다. 성공에 답하기 위해 넘어지고 물 먹는 것에 대한 질문을 받아넘길 수 있다. 물을 계속 먹으면 물 먹기 싫어서라도 빨리 배우고 싶어 한다. 물 먹기 싫은 열망이 성공의 열망과 연결되기 때문이다. 이와 같이 실패하는 시간은 성공과 연결되어 있다.

　"성공도 습관이다."라는 말이 있다. 실패를 두려워하지 않고, 이길 때까지 도전하는 '이기는 습관'을 말한다. 성공한 사람들의 공통된 특징 중의 하나는 실패의 횟수만 조금씩 차이가 날 뿐 모두가 실패자들이라는 것이다. 단지, 실패가 성공에 가려졌을 뿐이다. 실패가 성공의 일부분이란 것을 받아들일 수 있는 충분한 준비가 된 사람에게 성공의 기회가 다시 주어진다. 시도하지 않는 사람은 실패가 성공으로 가는 지름길인 줄 모른다. 행동하는 사람만이 시도할 수 있고, 용감한 실패를 할 수 있다.

코코넛 위기는
예측이 전혀 불가능한 것일까?

인간의 능력으로 예측할 수 없는 일들이 지구상에서 빈번하게 일어난다. 전혀 예측하지 못했던 일이 걷잡을 수 없이 갑자기 전개되고 확산되는 것을 '코코넛 위기'라고 한다. '코코넛 위기'라는 말은 높은 코코넛 나무에서 2kg 열매가 갑자기 떨어질 경우, 그 밑을 지나가는 사람이 크게 다칠 수 있는 예측불허의 상황을 경제에 빗대어 설명한 것이다.

신년 벽두부터 은행의 구조조정 칼바람이 거세다. 은행들의 영업이익은 늘어났지만, 희망퇴직한 직원이 5대 은행에서 약 2,500명이다. 최대 3년 치 연봉과 학자금, 의료비 등을 지원받고 퇴직을 선택한 사람들은 주로 40~50대들이다. 은행·금융권은 오래전부터 '코코넛 위기'로 혹독한 구조조정이 예견되었다.

은행이 지금까지 연공서열 위주의 호봉제를 유지하고 있는 것은 보험, 증권, 카드 회사 등과 달리 뚜렷한 대주주가 없어 방만하게 운영되기 때문이다. 똑똑한 사람들을 바보로 만드는 곳이 은행이라 할 정도로 가장 관료적이고 수직적인 문화에 길들여진 금융 마피아들이다. 글로벌 시장에서 '안방 장사'만 하는 유일한 곳이 은행이다. 글로벌 시장에서는 존재감조차 없는 은행들이 국내에서는 예금 이자를 후려치고, 대출에는 고금리로 땅 짚고 헤엄치기식 아주 편한 금리 장사를 하고 있다.

삼성전자나 현대차는 이익의 80~90%를 해외에서 벌어들인다. 심지어 엔터테인먼트 회사도 한류 콘텐츠를 만들어 수출하고 있다. 대한민국 기업의 역사는 '밖에서 벌어서 안을 살찌운' 해외 진출의 역사였다.

금융처럼 죽어라 국내 시장에만 매달리는 산업은 지금까지 없었다. 물론 OECD 국가 중에도 전무하다. 수익 대부분을 예대 마진과 카드수수료에서 챙기는 편한 수익구조를 만들어, 혁신하지 않아도 수익이 창출되는데 누가 혁신을 하겠는가?

금융 후진국으로 당연히 글로벌 은행이 존재할 수 없는 이유도 여기에 있다. 글로벌 수익 사업을 한다고 하기에도 부끄러운 해외수익은 전체 5%밖에 안 된다. 핀테크 시대에 디지털화로 혁신하지 않으면 생존이 불투명하니, 이제 금융과 ICT(정보통신기술)가 융합된 앱을 개발한다고 법석이다. 스스로 개혁하지 못하고, 외부의 압력으로 원치 않는 기술 혁신을 하는 안일함이 2~3년 전에 출범한 인터넷 은행보다 못하다. 그럼에도 서민들은 이자에 허리가 휘는데, 시중은행은 작년(2021년) 사상 최대 당기순이익을 내고, 올해 초 기본급 200%의 특별 경영성과급을 지급했다.

인터넷 은행인 카카오뱅크, 케이뱅크, 토스뱅크의 출범으로 시중은
행들이 소비자 중심 서비스를 출시하게 되는 '메기효과' 영향을 받아서
그나마 움직이고 있다. 수십 년 된 은행들의 혁신이 신생 인터넷 은행보
다 못해 뒤처져 따라가는 모양새가 안타까울 뿐이다.

조만간 은행의 핵심인력 외 대부분을 인공지능(AI)이 대체할 것이다.
무인 점포가 늘어나고 은행 지점은 대폭 축소될 것이다. 지금 등장하는
무인 점포는 입출금이나 계좌이체 등 제한된 업무를 처리하는 자동화
기기(ATM)와는 달리 예·적금 신규 가입과 카드 발급, 인터넷 모바일뱅
킹 가입 등 창구업무의 90%를 수행할 수 있다. 앞으로 증강현실(AR)로
화상 상담과 셀프뱅킹, 바이오 인증이 가능한 '비디오 텔러 머신(VTM)'
이 등장할 날도 멀지 않았다. 창구, 대면 업무는 감원하지만, IT, 여신,
위험관리 쪽은 신규 인력이 늘어나고 있다.

2008년 글로벌 금융위기를 미리 예측할 수 없을 만큼 안전했던 것이
아니라, 인간의 능력으로 막을 수 없는 불가항력적 수준까지 이미 와버
렸다고 하는 게 맞을 것이다. 1990년대부터 본격화된 세계화와 신자유
주의 질서의 확산으로 국가 간, 지역 간, 산업 간 경계가 사라짐에 따라
어떤 한 분야에서 발생한 위기가 순식간에 전 세계적 위기로 확산되고
있다.

우리나라에도 수많은 산업이 도산하고 실업자로 내몰았던 1997년

IMF 위기가 재정 건전성에 대한 답을 요구하는 계기로 체질을 개선하게 되었다. 방만하던 재정관리 위기가 화를 불렀지만, 펀더멘털의 근육을 키우는 기회가 되었다.

아시아 대부분 국가가 동시에 위기에 빠졌던 금융위기였다. 유럽이 EU로 통합되지 않았다면, 그리스 국내 위기로 한정될 수 있었던 사태가 유럽 전체를 흔들었다.

인터넷과 모바일 통신수단의 급속한 발전과 기술혁신이 인류의 보편적 삶을 개선시키는 반면에 위기를 차단하고 대응할 수 있는 시간이 짧아져서 타이밍을 잡기가 어렵다는 또 다른 문제점이 있다. 국가 간의 경계가 불분명한 지구촌의 장점이자 단점이다.

'나비효과(Butterfly effect)'란 브라질에서 나비의 날갯짓이 텍사스에서 토네이도를 일으킬 수도 있다는 말이다. 미세한 변화가 국경을 초월하여 토네이도 영향권 아래 있다는 것이다. 인터넷으로 연결되어 있는 지구촌 한구석의 미세한 변화가 순식간에 확산되기 때문이다.

그렇다면 과연 코코넛 위기는 예측이 전혀 불가능한 것일까?

글로벌 경제 환경에서 이론적으로는 얼마든지 가능하지만, 정확하고 구체적인 예측이 아니면 효과에 의문이 든다. 중요한 것은 진행되는 위기가 동시다발적으로 일어난다는 특징이 있는데, 위기를 부른 단초를 중간 어디에서, 어떤 시스템으로 누가 멈출 수 있느냐는 것이다. 언제, 어떤 종류의 위기가 얼마만큼 발생할지를 정확하게 예측하는 것은 어렵지만, 단지 초기의 여러 불길한 현상을 인지하고도 무시해서 그렇다. 미국 서민들이 은행 대출을 위해 담보로 잡았던 집값이 폭락하자 파생상품들까지 걷잡을 수 없이 연쇄적으로 부실화되면서 발생한 '당연한 일'인데도, 미래를 늘 낙관적으로 보고 싶어 하는 사람들의 욕망이 화를 키우는 경우다.

우리 몸을 관찰해보면, 몸살이 단번에 와서 드러눕는 경우가 없다. 나 같은 경우는 초기 증상이 코가 맹맹하고, 목에서부터 온몸이 찌뿌둥하여 쑤시고, 만사가 귀찮아지면 몸살이 온다는 징조로 알고 주사를 맞거나 약을 먹는다. 몸에 과부하가 걸렸다는 신호를 보내면, 내면의 소리를 듣고 빨리 처방을 해야만 드러눕지 않는다. 몸의 작은 소리를 잘 들으면 고생을 덜할 수 있다. 그러나 몸의 소리를 듣고도 쉬지 못할 때가 직장생활에서는 종종 있기 마련이다.

미국 보험사 직원 윌리엄 하인리히가 수많은 사고 통계 데이터를 통해 실증적으로 분석한 '하인리히 법칙'에서 증명하였다. 충분히 예측 가능한 위기인데도, 현재를 불안으로 몰아가고 싶어 하지 않는 판단이 존재한다는 것을 알 수 있다.

이른바 '1대 29대 300의 법칙'이라 불리는 하인리히 법칙에 따르면, 1건의 재해가 발생하기 전에는 그와 유사한 경미한 재해가 29건 있고, 사소한 사고가 300번 일어났다고 한다. 이것은 사전 징후만 제대로 포착해도 큰 피해를 막을 수 있다는 걸 의미한다.

유능한 인재 1명이
1만 명을 먹여 살린다

돈을 벌어주는 사업인 미래의 캐시카우(Cash cow)가 될 차세대 성장산업을 선점하기 위해 글로벌 기업들이 치열한 경쟁을 벌이고 있다. 기업마다 '질 경영'에서 '인재 경영'으로 전환하여 1,000명, 1만 명, 10만 명을 먹여 살릴 인재를 늘 찾고 있다.

"유능한 인재 1명이 1만 명을 먹여 살린다." 이것은 인재의 중요성을 강조한 삼성 이건희 회장의 평소 지론이었다. 삼성은 이건희 회장의 평소 지론에 따라 국내 기업 중 가장 많은 인재들이 곳곳에서 활동하고, 각 CEO, 임원들은 해당 사업에 필요한 고급두뇌를 찾아 지구촌을 누빌 만큼 인재에 대한 욕구와 기대가 크다.

현대, SK, LG도 고급인력을 찾다 보니 HR(Human Resources) 전문가가 늘어나고 있다. 조직 내에서 결코 대체될 수 없는 인재들이 가장 핵심적인 업무 간 융합적 지식을 갖고 프로젝트를 수행한다. 그런데 해당

산업에 대해 변화하는 글로벌 시장의 메커니즘을 이해하고 대처할 수 있는 인재가 드물다. 대부분 한 가지 일을 잘하면 한 가지는 못하는 실정이다. 기술적인 부분이 뛰어나도, 주고받는 것을 협상하고, 법리적 서류를 검토하고, 글로벌 회사를 이해하고, 언어의 문제가 없어야 진정한 인재가 될 수 있다. 이런 것을 모두 아우를 수 있는 인재가 되어야 한다.

스카우트 제안이 많은 직종은 프로그래머, 모바일용 시스템 반도체, 마케터, 전략전문가 등이다. IT 디자이너, 3D 영상기술, 클라우드 컴퓨팅, 스마트 그리드 기술 등 스마트 IT 분야가 떠오르는 직종이고, 공급이 부족할 정도다.

파운드리(반도체 위탁생산) 1위가 목표인 삼성전자의 반도체 인력은 2만 명 안팎이다. 글로벌 1위 대만 업체인 TSMC의 3분의 1 수준에 그쳐서 당장 3만 명 이상 인력 수급이 필요하다. 반도체 기업들(TSMC, 인텔 등)이 한꺼번에 천문학적 투자를 늘리는 바람에 인력 수급에 차질이 불가피한 상황이다.

비 IT 분야에 빅데이터 전문가도 구인난을 겪고 있다고 하니, 각 대학 통계학과가 인기를 누리고 있다. 빅데이터를 이용하지 않는 기업이 거의 없을 정도이니 말이다. 통계학은 수많은 데이터를 수집해 분석하는 통계학적 오차가 실제 데이터와 예측한 결과 얼마나 차이가 나는지 간극을 좁히는 학문이다.

이런 분야의 적극적인 스카우트 제안의 증가는 급변하는 산업 트렌드에 따라 채용 방식을 바꾼 결과다. 채용 공고로는 인재를 채용할 수가 없기에 찾아오는 인재 채용이 아니라 찾아가는 인재 채용으로 전환되고 있다.

기업들은 인재 한 사람이 회사의 성장에 얼마나 영향을 미치는지를 이미 경험했다. 그래서 여러 사람의 연봉을 인재 한 사람에게 몰아주더라도 최고의 인재를 영입하려고 한다. 회사로서는 여러 사람을 관리하면 말도 많고 탈도 많을 뿐만 아니라 비용도 많이 든다.

최고 인재의 가장 기본적인 자질은 사명감이다. 기업은 사명감으로 뭉친 사람을 고용하고, 비전을 공유할 수 있는 사람을 필요로 한다. 기업의 성공 요인은 사명감이 투철한 인재가 회사의 성장을 위해 행동으로 옮기는 것이다.

오늘날 기업은 다양한 방법으로 아웃소싱(Outsourcing)을 통해 다운사이징(조직축소)으로 기초비용을 줄이고, 기업의 부족한 부분을 외부로 돌리는 것이 보편화되고 있다.

최근에는 아웃소싱을 하려는 고객이 있는 가까운 외국으로 옮긴다는 뜻에서 '니어소싱(Nearsourcing)'하는 기업들이 늘고 있는 추세다. 니어소싱은 인근 국가에서 진행하는 아웃소싱이다.

예를 들면, 미국은 아웃소싱을 위해 캐나다 또는 중남미를, 한국은 중국이나 아시아 국가에서 아웃소싱할 곳을 찾고 있다.

한국 기업들은 생산거점 일부를 이미 외국으로 이전했다. 앞으로 이전할 계획이 있는 업체도 213개사 중 77.9%나 되는 것으로 나타났다. 10개 회사 중 8개 회사가 생산기반을 외국에 두겠다고 한다. 왜 그럴까? 국내의 인허가 절차가 복잡하고, 관련 규제가 많고, 인건비와 세율이 높은 것이 주원인이다.

반대로 미국은 리쇼어링(Re-shoring)하는 기업이 몇 년 전부터 크게 늘고 있다. 미국 제조업체들의 본토 회귀가 크게 늘면서 다시 제조업 르네상스가 일어나고 있다. 언론들은 미국 유턴 기업들이 만들어 낸 일자리가 3만 5,000~5만 개에 이른다고 보도했다.

일반적으로 30만 달러를 유치하면 일자리 하나가 생긴다. 우리나라도 기업이 경영하기 좋은 환경(세금 감면, 규제 완화, 노사협력 관계)을 만들어 주면 굳이 해외에 나갈 이유가 없을 것이다.

우리 기업들이 해외로 옮기고, 부자들이 해외에 투자해서 나가면, 이 나라의 앞날을 걱정하는 사람은 누구일까? 정치인들이 걱정할까? 기업과 부자들에게 세금만 많이 거두면 된다고 여기는 정부일까?

생존에 위협을 받는 사람은 일자리가 필요한 서민들뿐이다. 정치가 마차라면, 경제는 말이다. 말로 마차를 끌게 해야 이치가 맞는데, 마차가 말을 끌려고 하고 있다.

삼성전자의 본사 해외 이전설이 여러 차례 언급된 적이 있다. 외국인 투자자들이 해외 이전을 요구하기도 하고, 툭하면 삼성 특검을 한다고 벌집을 쑤셔 놓고, 세무조사를 한다고 한바탕 뒤집어 놓을 때였다. 만약 삼성이 본사를 해외로 이전한다면, 그 파장은 일반기업과는 비교할 수가 없다.

삼성그룹 계열사 71개가 한국 GDP의 5분의 1을 차지하고, 주식시장 시가총액은 700조 원으로 전체의 23%를 차지한다. 수출에서 차지하는 비중도 24%나 된다.

기업 하기 좋은 나라로 해외기업을 우리나라에 유치해도 모자라는 판국에 국내 대기업을 해외로 모두 내쫓고 있는 꼴이다. 한국 법인세는 최고세율 25%다. 일본 23%, 미국 20%, 대만 20%, 싱가포르 17%, 영국 17%, 홍콩 16.5%와 비교해 턱없이 높다. 중국의 법인세율은 25%이지만, 하이테크 기업의 실효세율은 15% 이하다.

2021년에 세계에서 가장 많은 외국인 직접투자를 유치한 나라는 중국이다. 중국은 외자 유치의 70%가 유입되는 홍콩을 대표적인 조세피난처로 이용하고 있다. 우리나라는 아시아 주요 경쟁국들보다 법인세가 높은 게 문제다.

미국도 트럼프 대통령 때 법인세 최고세율이 35%에서 20%로 하향 조정됐다. 반면에 한국은 전 정부까지 22%였던 것을 문재인 정부에서 오히려 3% 올리며 25%로 상향 조정되었다. 이것은 다른 국가들과 역행하고 있는 것이다. 일본도 2012년 30% 수준이었던 법인세율을 23%대로 낮추었는데 말이다.

세계적 컨설팅회사인 맥킨지는 한국에서 5년 이상 거주한 외국인들을 대상으로 설문조사를 했다. 그 결과 한국의 기업규제 정책, 노사관계, 법치주의 확립이 최하위 수준으로 평가됐다. 우리나라는 기업 간의 경쟁이 기울어진 운동장에서 경기하는 것과 같은 환경이다. 정당하게 돈을 벌어 세금을 낸 사람이 대접받는 사회가 되어야 하는데, 대우를 해주지도, 고맙게 생각하지도 않는 유일한 나라다.

확정된 프레임에서 벗어나는 방법

100명을 대상으로 설문조사를 했다.

"오늘 100달러를 받겠는가? 아니면 내년에 200달러를 받겠는가?"

'오늘 100달러를 받겠다.'라고 응답한 사람이 무려 87%였고, '내년에 200달러를 받겠다.'는 사람은 겨우 13%에 불과했다. 사람들은 작은 보상보다 큰 보상을 좋아하면서도 현재의 보상과 미래의 보상을 비교할 때는 '현재의 보상'을 훨씬 더 선호하는 것을 알 수 있다.

사람들은 다각적으로 검토한 후 최적의 대안을 선택하고, 만족할 만한 수준의 답을 찾기보다는 지금까지 길들어져 온 방법을 답습하는 습성이 있다.

행동경제학에 '프레임(Frame)'이라는 개념이 있다. 인간은 항상 객관적으로 선택하기보다는 미리 정해진 '틀'을 기반으로 사고하고 판단한다는 것이다.

　아이의 행동이 굼뜨면 엄마는 '빨리빨리 해'라는 말을 입에 달고 산다. 아이는 엄마를 잔소리꾼으로 인식하고 민감하게 반응한다. 엄마가 '빨리빨리 해'라는 말을 하면 아이는 '잔소리'라는 프레임으로 받아들인다. 만약 '나는 잘하는 게 없어.'라는 프레임을 갖고 있다면, 무엇을 해도 안 된다는 마음의 소리에 집착하고 매이게 된다.

　'어두운 숲길은 위험하다.'라는 프레임이 있다면, 작은 소리에도 소스라치게 반응할 수 있다. 자동차 사고를 당해 트라우마가 있는 사람은 운전하는 것을 극도로 불안해한다. 남들과 같은 속도로 달려도 빠르다고 생각하여 핸들을 꽉 잡고 경직되어 있다. 교통사고가 이번에도 일어날 수 있다고 생각하는 것이다. 어떤 프레임을 가지고 상황을 인식하느냐에 따라 사람의 선택이나 행동이 달라지는 현상을 일컬어 '프레이밍 효과(틀짜기 효과)'라고 한다.

　인지언어학을 창시한 세계적인 석학 조지 레이코프의 《코끼리는 생각하지 마》에서는 "코끼리를 생각하지 마."라고 할수록 코끼리를 더 생각하게 되고 함정에 빠진다고 한다. 그러면서 코끼리에서 벗어나는 길은 아예 코끼리는 없는 존재로 여기고 다른 프레임을 가지고 접근해야 한다고 말한다. 이미 확정된 프레임에서 벗어나는 방법은 프레임을 전환하는 것밖에 없는 것이다.

"절대 품질을 양보하지 말라."

사람들이 애플 제품을 사는 이유는 애플을 사용하면 왠지 특별하게 보이기 때문이다. 애플은 고급 프리미엄 마케팅을 유도했다. 프리미엄 이미지만 심어주면 소비자는 가격이 비싸더라도 브랜드 비용에 기꺼이 지갑을 연다.

기업들은 소비자들의 충족되지 못한 잠재적인 욕구를 자극하여 구매 충동을 유도한다. 사람의 심리를 이용하여 아주 치밀하게, 고객들에게는 아주 단순하게 접근하는 마케팅을 구사한다. 기업들이 수익을 창출하기 위해서 어디에서, 무엇을, 얼마만큼 얻을 수 있는지를 계산하는 셈법이 마케팅이다.

사실 마케팅은 논리로 설득하기보다는 소비자의 구매행위와 직결되는 감성을 자극하는 단순한 마케팅이 훨씬 많다. 그래서 고객의 유형을 파악하고, 고객별로 어떻게 관계를 '형성'하고 어떻게 욕구를 파악하여 '접근'할 것인가, 그리고 어떻게 판매를 '성취'하고 '마무리'할 것인가에 대해 역할연기(role play)를 한다.

소비자 유형만 파악해서는 회사 매출이 안 오른다. 감성과 열등감을 건드리고 욕구를 불러일으키는 감성 마케팅이 주효하다.

여러분의 미래 마케팅을 한다면 어떤 핵심가치를 선전하고 싶은가?

여러분이 시장에 어필할 수 있는 경쟁력과 차별화를 확실하게 고객들에게 전달하면 선택을 받을 수 있겠는가?

상업 마케팅도 고객의 '가치를 파는 기업'은 성장하고, 멀티 스펙트럼 전략으로 변화의 바람을 읽고 계산하는 기업이 성공하고 있다.

코닥은 필름이라는 상품 자체에 집착하다가 실패했다. 코닥은 단순히 필름을 파는 게 아니라, '고객의 추억을 보존'해 주는 일이었는데 그 점을 간과했다. '제품을 팔지 말고, 고객의 가치를 팔라.'는 기본적이고 단순한 마케팅에서 고객을 위한 감성 마케팅이 빛을 볼 수 있다.

페덱스(Fedex)는 저가 업체의 공세가 심해지자, 멀티 스펙트럼 전략으로 저가(低價)와 고가(高價)를 동시에 공략했다. 야간 배송서비스, 운송시스템으로 하루 만에 도착하면 건당 12달러, 오전 10시까지 프리미엄 배송서비스는 13달러, 오후 3시 이후부터 다음 날 도착하는 스탠더드서비스는 9달러에 제공하는 서비스를 했다. 이후 회사 수익이 증대되었을 뿐만 아니라, 시장을 잠식당하지 않고 주도할 수 있었다.

기업은 다양한 기법을 빌려 마케팅을 하지만, 소비자의 판단은 간단하다. "왜(Why) 그렇습니까?"라고 묻지 말고, "어떻게(How) 해야 합니까?"라고 물어야 하는 이유다. 왜라는 답은 이미 정해져 있기 때문이다.

상위 1%의 디테일 법칙

'상위 1%'라는 말을 많이 들었을 것이다. 매스컴에서는 상위 1%가 쓰는 물건, 상위 1%가 찾는 고급 음식점, 상위 1% 학생만 수업하는 전문 과외 학원, 상위 1% 배우자를 매칭해주는 결혼정보회사 등 상위 1%를 내세우는 광고를 많이 볼 수 있다. 실제로 상위 1% 안에 들어야 성공했다고 할 수 있다. 우리에게 상위 1%는 확률이 아니라 기준이 되었다.

상위 1% 학생들의 공부 패턴을 설문조사한 결과를 본 적이 있다. 교과서 같은 질문에 더 교과서 같은 답변이었다. "공부를 잘하는 비결이 무엇인가요?"라고 질문하자 상위 1% 학생들은 "학교 수업과 교과서에 충실하고, 예습과 복습을 철저히 한다."라고 대답했다. 실제로 이걸 몰라서 공부를 못하는 학생은 아마도 없을 것이다. 그럼, 왜 공부를 못하는 것일까?

공부를 못하는 것이 아니라 공부를 안 하기 때문이다. 설문 결과를 보니, 상위 1%의 학생들은 수업시간에 집중력이 뛰어나고, 수업 전에 철저히 예습하고, 수업이 끝나면 바로 복습하고, 싫고 어려운 과목일수록 맨 먼저 예습하고 복습하는 습관이 있었다.

반면에 공부에 흥미가 없는 학생은 대체로 절박함이 없었다. 배부른 사자가 먹잇감을 앞에 두고 최선을 다하지 않는 것과 같다. 인간도 절박하지 않으면 움직이지 않으려고 하는 습성이 있다. 공부 목표를 세울 때도 절박한 마음이 있어야 상위 1% 목표를 설정한다.

사람들은 나에게 질문한다.

"상위 1%가 되려면 어떻게 해야 하나요?"

나는 상위 1%를 염두에 두지 말고, 먼저 10% 안에 들 수 있는 일이 무엇인지 살펴보라고 한다.

사람마다 일정한 노력을 기울이면 10% 안에 들 수 있는 분야가 2~3개 정도는 있을 것이다. 한 가지가 딱히 떠오르지 않으면 두 가지를 조합하면 된다.

예를 들어, 상상하는 것을 좋아한다고 해보자. 상상력을 발휘해 내가 좋아하는 일을 집중해서 해보면 놀랍게도 세상에서 찾기 어려운 나만의 일을 발견할 수 있다. ICT(정보통신기술)에만 융·복합하라는 법이 있는가?

두 가지 이상의 괜찮은 능력을 결합해 세상에 보기 드문 것을 만들면

1등을 이길 수 있다. 여러분이 천재가 되기는 어렵지만, 천재를 이기는 방법은 아이디어를 합치면 얼마든지 찾을 수 있다.

사람들은 나에게 질문한다.

"부자가 되려면 어떻게 해야 합니까?"

지금보다 1% 더 생각하고, 1% 더 열망하고, 1% 더 학습하고, 1% 더 혁신하고, 1% 더 실행하면 분명히 성공할 뿐만 아니라 부자가 될 수 있다. 이 5가지 태도가 부를 일구는 지름길이다.

10년을 목표로 상위 10%(순자산 9억 원)에 도전해서 성공하면, 상위 5%(순자산 13억 원)에 도달하는 데는 5년이면 충분하다. 다시 상위 1%(순자산 30억 원), 상위 0.5%(순자산 45억 원), 상위 0.1%(순자산 160억 원)에 도전하면 된다.

먼저, 여러분이 상위 10%에 해당하는 것이 있는지 곰곰이 생각해보자. 그 어떤 것도 좋다. 없다면 가능성이 있는 것을 적어보자. 상위 10%를 상위 1%로 만들어 가면 된다.

상위 1%가 되기 위해 99%를 버려야 할 때가 있다. 여러분은 1%가 되기 위해 99%를 버릴 용기가 있는가? 왜 1%가 되기 위해 99%를 버려야 할까? 99%가 1%를 만들기 때문에 그렇다. 쉽게 말하면, 99%가 1%를 위해 존재한다는 말이다.

불평등하다고 여길지 모르겠지만, 이것은 엄연한 사회적 현상이고 흐름이다. 자본주의는 평등과 동등의 잣대에서 언제나 벗어나 있다. 파레토의 법칙에서 8:2의 법칙 즉 20%가 80%를 담당한다는 부의 이론은 무너진 지 오래되었다. 전 세계 부자 10%가 부를 90% 이상 소유하고 있는 것으로 나타났다.

'상위 1%'라는 말을 들을 때 여러분은 무엇을 느끼는지 궁금하다.

위대한 변화를 가져오는 것은 1%에서 시작된다. 그리고 1%의 투자가 1%의 변화를 만든다면, 여러분은 엄청난 변화를 경험하게 될 것이다. 하루의 1%가 99%의 변화를 이끈다고 확신하면 그 변화가 여러분이 진정 원하는 곳으로 데려다 줄 것이다.

그런 면에서 서두르지 않는 대신 지속적인 끈기와 성실함이 필요하다. 앞으로 10년 후에 여러분이 한 일보다 하지 않은 일을 더 후회하게 될 것이다. 무능한 사람이 모여 있는 집단일수록 오류를 많이 생산하고 한숨을 쉬며 탄식할 것이다.

글로벌 시장에서도 1%의 디테일이 기업의 운명을 좌우한다.

미국 IBM에서 전미 화상 프레젠테이션을 한 달간 준비하여 1시간 동안 진행한 적이 있다. 각 지역에서 화상 프레젠테이션을 왜 안 하냐고 원성이 높았다. 이상 없이 진행했는데 이게 무슨 소린가 하여 점검해 봤다. 알고 보니 여직원이 모니터 ON을 OFF로 착각하여 사달이 난 것이었다. 어이가 없고 황당했지만 며칠 후 다시 프레젠테이션을 할 수밖에 없었다. 다시 준비하면서 이전보다 내용이 알차고 풍성한 프레젠테이션 자료를 만들었다. 여직원의 실수로 인해서 자료를 더 잘 만들 수 있었고, 1% 디테일의 중요성을 자각하는 계기가 되었다.

며칠 전에 전기밥솥에 밥이 다 된 줄 알고 열어보았더니 생쌀이 그대로 있었다. 취사 ON 버튼을 누르지 않아서 생긴 일이었다. 회사에서도 구매 입찰서류를 여직원이 팩스 번호를 혼동하여 경쟁업체에 보내는 말도 안 되는 사건이 있었다. 결국, 그 입찰 서류는 폐기하고 참여하지 않는 것으로 결론이 났다.

나는 '대충'과 '적당히'를 가장 싫어한다. 일을 대충 하고 적당히 하면 항상 다른 사람의 손을 다시 거치게 만들고, 일을 맡겨도 늘 불안하여 다시 확인해야 하기 때문이다. 100-1=99가 아니라 0이다. 한 가지를 제대로 챙기지 못해서 그동안 해온 99개의 일이 물거품이 되는 일이 다반사다. 작고 사소한 일이라도 대충, 적당히 하면 안 된다.

산악인 엄홍길 대장이 회사에서 강의한 적이 있다. 그때 들었던 얘기를 지금도 생생하게 기억한다.

"평지에서 웃고 넘길 수 있는 사소한 실수가 높은 산에서는 팀 전체를 죽음으로 몰고 갈 수도 있습니다. 장비의 매듭 하나가 풀리는 사소한 부주의 때문에 목숨이 왔다 갔다 합니다. 고산 등반에서는 처음부터 끝까지 아주 디테일하게 관리하지 않으면 성공할 수 없습니다."

고산 등반에만 디테일이 중요한 것은 아닐 것이다. 인간관계에서도 사소한 일 때문에 감정이 상하고 다투고 싸운다. 정작 큰 문제 앞에서는 싸울 수 있는 여유가 없다. 문제 해결에 골몰하기 때문이다.

글로벌 시장에서는 '대충'과 '적당히'가 없다. 뛰어난 기술력을 인정받아야 경쟁력이 있고 차별화가 생겨 시장을 장악할 수 있다. 스마트폰을 만드는 회사들은 1% 기술우위를 선점하기 위해 막대한 자금을 쏟아붓는다. 기술전쟁은 거창한 일에서 시작되지 않는다. 상상하기 힘든 기술을 구현하는 것도 아니다. 소비자의 눈높이에서 멀리 떨어져 있는 기술도 아니다. 오직 소비자의 욕구에 부응하는 디테일에서 결정된다.

블랙 스완을 찾아라

블랙 스완(The Black Swan)은 아무도 예견하지 못한 일들이 일어나 엄청난 충격을 몰고 오는 사건을 말한다.

1697년 호주 대륙에서 검은 백조가 발견되기 전까지 유럽 사람들은 모든 백조는 흰색이라고 생각했다. 블랙 스완의 존재는 과거의 경험에서 근거한 판단이 반드시 옳지 않으며, 미래는 어떤 일이 벌어질지 예측할 수 없다는 것을 뜻한다.

블랙 스완은 인식의 틀을 바꾸는 계기가 되었다. 인간의 경험에 근거한 학습과 지식이 얼마나 제한적이며 허약한 것인가를 지적하고 있다. 이 이론은 월가 투자전문가인 나심 니콜라스 타레브가 《블랙 스완》에서 서브프라임 모지기 사태를 예언하면서 두루 쓰이게 되었다. '존재하지 않는 것'에서 '존재하는 것'으로 사실이 드러나면 이전의 것들은 가설이 되고, 이후부터는 사실에 대한 존재의 의미를 갖게 된다.

세계 금융위기가 일어나기 전까지만 해도 왜곡된 금융의 흐름에 충분히 대처할 수 있다고 믿었다. 그러나 월가에 대한 믿음이 깨지면서 사람들은 앞으로 어떤 일이 일어날 수 있다는 시나리오가 가능하다는 것을 알았다.

　2000년대 초 미국 IT산업의 급속한 발달로 생겨난 버블이 붕괴되기 시작하면서 경제성장이 1%대로 하락했다. 이에 대한 대응으로 미국 중앙은행 연방준비제도(Fed)는 2000년 6.5%였던 기준금리를 2003년 1%까지 인하하는 저금리 정책을 통해 경기 부양 카드를 꺼내 들었다. 그러자 낮은 금리로 너도나도 대출을 받아 부동산 투자를 하고, 금융기관들도 앞다투어 다양한 대출상품(파생상품)을 만들어 신용도가 낮은 사람들에게까지 대출을 해주었다. 그 결과 주택가격이 단기간에 급등하고 경기가 과열되면서 버블이 형성되었다.

　연준은 1%대였던 기준금리를 2006년에는 5.25%까지 인상하는 등 긴축정책으로 전환했다. 그 결과 부동산 가격이 급락하고, 소득 규모에 비해 과도한 대출을 받은 사람들이 이자 부담에 견디지 못하고 파산했다. 금융회사들이 부실하여 결국 2008년 9월에 리먼브러더스 같은 대형 금융회사가 파산하는 지경에 이르렀다. 금융 부실화로 세계 금융시장이 마비될 정도로 전 세계 증시가 1년간에 걸쳐 50% 이상 폭락하고 자산이 붕괴되었다.

최근에는 장기적인 코로나로 인해 원자재값이 폭등하고 40년 만에 가장 높게 물가가 올랐다. 정부는 통화 유동성을 확대하기 위해 시행했던 양적완화(자산매입) 조치를 점진적으로 축소하는 테이퍼링(Tapering)과 금리 인상을 동시에 진행하는 초유의 사태에 직면했다. 미국 중앙은행은 기준금리를 0.25%에서 2022년 3월 3년 만에 0.25% 인상하여 0.50%가 되었다. 올해(2022년) 몇 번 더 금리를 1~2%까지 올려서 유동성을 줄이는 긴축재정에 나설 것으로 보인다.

한국은 미국처럼은 아니지만 5%대이던 금리가 금융위기 이후 지속적으로 낮아져 2017년부터 기준금리를 1.25% 유지하다가 올해(2022년) 한국은행은 지난 4월에 이어 5월에도 기준금리를 0.25%씩 올려 1.75%가 되었다. 기준금리를 두 달 연속 인상한 것은 2007년 7, 8월 이후 14년 9개월 만이다. 국내 증시도 미국의 금리 인상에 주가가 출렁거리고 있다. 자본시장에서 아무도 상상하지 못한 충격적 사건이 언제든지 일어날 수 있다는 것을 깨우쳐 주고 있다.

요즘 세계 경제는 빨간 불이 들어오고, 블랙 스완이 화제가 되고 있다. 경제학자의 예상이나 경제 지표 예측과 전혀 다른 방향으로 가고 있다.

블랙 스완의 대표적인 사례가 제2의 흑사병이라 불리는 코로나19이다. 미래학자들도 전 세계적 재앙이 올 것이라고 어렴풋이 예측은 했지만, 전염성이 강한 감염병을 예측한 전문가는 한 사람도 없었다. 기후변화로 인한 자연재해에 경각심을 주는 논문이나 보고서는 많았지만, 전염병인 바이러스가 이렇게 세상을 뒤집어 놓을 것이라는 예측을 아무도 하지 못했다. 인간이 쌓은 바벨탑이 거대한 것 같지만, 보이지 않는 바이러스에 맥없이 무너지는 것을 보면 인간이 얼마나 무능한가를 알수 있다.

앞으로 어떤 형태의 기후변화와 전염병이 대재앙을 몰고 올 것인지 예견은 되지만 인간이 막을 수 있는 뚜렷한 대책이 없다. 특히 어떤 경로로 감염이 되면, 모든 지구촌 사람들이 엄청난 대가를 치를 수밖에 없다. 국경의 경계가 없고, 통제하고 제한하기에는 한계가 있는 구조다.

그리고 지구 온난화 이상기후는 가뭄, 홍수, 지진, 폭설, 쓰나미 등 어떤 형태로든 인간의 생존을 계속 위협할 것이다. 이상기후로 식량이 안보가 되고 최대의 무기가 될 것으로 예측한다.

지금 남녀노소가 없으면 못사는 스마트폰은 14년 전만 해도 상상도 할 수 없었던 기기다. 실제로 존재하지도 않았던 것을 우리가 이미 사용하고 있다. 이런 것들은 열거하기가 벅찰 정도로 많다. 이것은 우리의 고정관념을 여지없이 깨뜨리는 유연한 사고를 가진 사람이 세상을 바꿀 수 있다는 메시지를 던져 준다.

고정관념의 틀을 깨지 않으면 새로운 것을 받아들이기가 힘들다. 존재하지 않는 것에서 존재 이유를 찾고, 불가능하다고 인식되는 것도 얼마든지 가능하다는 것을 염두에 두어야 한다.

스티브 잡스는 "미친 사람이 결국 세상을 바꾼다."라고 했다. 내가 세상을 바꾸지 않으면, 세상이 나를 바꾼다.

플랫폼 비즈니스의 선점,
공유와 연결

　미래 사회는 정보를 습득하는 능력보다 정보를 종합하고, 분석하고, 활용하는 능력이 더 중요하다. 그래서 기존의 자원을 이용하여 가치를 창출하는 스타트업이 계속 늘고 있다. 이들 회사는 수요자의 다양한 니즈를 충족시키기 위해 이 시대의 패러다임인 ICT(정보통신기술)의 혁명적 변화에 대응하는 플랫폼을 구축하고 활용한다. 기술의 융·복합화가 가능해지면서 산재해 있는 인프라가 플랫폼을 통해 한 정거장으로 모이고 흩어지는 공간적 개념이 현실화되고 있다. 이런 환경을 유기적인 생태계로 연결하는 산업이 각광을 받고 있다.

　ICT가 경제 모델을 이끌어가고 있다고 해도 과언이 아니다. 빅데이터를 이용한 산업이 번창하여 구글이 검색 엔진 회사가 아니라 빅데이터 기업으로 불릴 정도다. 모바일의 생태계를 이용하지 않으면 비즈니스가 안 될 정도의 초연결 사회로 만들어 놓았다.

웨어러블 디바이스의 시장이 사물인터넷(IoT)과 결합하여 새로운 영역을 넓혀가고 있다. 더 나아가 인공지능(AI)을 이용한 산업을 선점하기 위해 글로벌 회사들이 치열한 경쟁을 벌이고 있다. 사물인터넷은 인간과 인간을 연결할 뿐만 아니라, 인간과 사물을 연결하고, 사물과 사물의 연결도 가능하게 한다. 이처럼 정보화 시대에 우리의 눈을 의심케 하는 많은 변화가 우리 생활 속에 이미 깊숙이 들어와 있다.

새로운 서비스와 재화를 창출한다는 점에서는 환영할 만한 일이다. 하지만, 그 수혜 효과에서 비켜있는 우리나라의 실정을 들여다보면 마음이 착잡하다. 우리나라는 브로드밴드 보급률에서 세계 1등 국가로 디지털 경제를 구현했다. 하지만, 경쟁력 있는 글로벌 회사가 하나도 없다는 것은 슬픈 일이다.

여러분 같은 젊은이들의 몫으로 남아 있다는 뜻으로 이해하면 좋겠다. 도무지 할 수 없었던 일을 누군가 해냈다는 것이 사실로 받아들여지면, 도전할 수 있는 이유가 생길 것이다. 여러분이 해낼 수 있다는 증거는 바로 다른 사람들이 이미 그것을 해냈다는 사실보다 확실한 것은 없다.

모든 서비스가 대중(Mass)에서 개인(Personal)으로 전환되고 있다. 우리는 선택해야 한다. 내가 플랫폼을 만들든지, 아니면 다른 사람이 만든 플랫폼에 들어가든지. 농사를 지어도 플랫폼이 아니면 농산물을 유통할 수 없는 구조로 되어가고 있다. 플랫폼 기업은 공급자와 수요자를 끌어들이고, 서로 얻고자 하는 가치를 공정한 거래를 통해 구축된 환경에서 생태계를 만들어 간다.

칼라닉은 모바일 차량 예약 서비스 우버(Uber)를 창업했다. 그가 3번째로 창업해 성공한 회사다.

우버는 승객과 운전기사를 스마트폰 버튼 하나로 연결하는 기술 플랫폼이다. 플랫폼 기업답게 우버는 운전기사와 한 대의 택시도 소유하지 않은 택시 서비스 플랫폼 회사다. 우버는 모바일 앱을 통해 승객과 운전기사를 연결해 주는 허브 역할만 수행한다. 모든 결제는 우버 앱에서만 가능하다. 택시요금으로 결제된 금액은 우버가 20% 내외에서 가져가고, 나머지는 운전 기사에게 배분한다.

이용자는 스마트폰에 우버 앱을 깔기만 하면 서비스를 이용할 수 있다. 날씨와 시간 그리고 요일에 따라 요금이 차등적으로 책정된다. 우버는 우버블랙과 우버X 두 종류의 서비스를 제공하고 있다. 우버블랙은 고급 콜택시 서비스로 일반 택시와 비교해 가격이 2배가량 높다. 우버X는 일반 운전자들의 참여를 허용하여 가격이 저렴한 편이다.

2015년 58개국 300개 도시에서 우버 서비스가 제공되었다. 2010년 6월 샌프란시스코에서 첫 서비스가 시작된 지 5년 만의 일이다.

어느 스타트업이 그렇듯 우버의 시작은 초라했다. 칼라닉은 "택시를 잡는데 30분이나 걸려 짜증 나서 창업을 결심하게 됐다."라고 말했다. '모바일 버튼 하나로 택시를 부를 수 있을까?'로 시작된 생활밀착형 아이디어를 구체화하고, '모든 운전자를 기사로 만들겠다.'라는 구상으로 창업했다. 소비자 편의를 위한 혁신적인 서비스를 고민하며 만든 회사가 우버다. 시가총액이 660억 달러(약 84조 원)로 벤츠, 포드자동차와 어깨를 나란히 한다.

우버는 누구나 생각할 수 있는 생활형 단순한 플랫폼이다. 알고 보면 뭐 대단한 것이 없다. 플랫폼 회사는 모두의 생각이 미치는 사업에서 시작한다. '누가 생활밀착형 아이디어를 고객의 눈높이에서 먼저 접목하고 시도하는가'가 중요하다.

제한된 자원을 가장 효과적으로 사용하는 방안은 '공유와 연결'이다. 세계화의 핵심 키워드이기도 하다. 공유와 연결 없이 이루어지는 것이 없다고 할 정도로 밀접한 시대를 살고 있다. 자원공유도 있지만, 정보공유로 알고 싶은 것들이 많은 현대인이다.

요사이 '공유경제(Sharing economy)'라는 말이 자주 회자되고 있다. '플랫폼 공유경제'라는 말도 빈번하게 사용된다. 한 제품을 서로 대여해주고, 여럿이 공동 소비를 기본으로 하는 경제 방식이다. 개인이 소유할 필요 없이 필요한 만큼만 빌려 쓰고, 자신이 쓰고 남는 자원은 다른 사람에게 빌려주는 공동 소비의 경제 모델이다. 최근에 경기침체와 환경오염에 대한 대안을 모색하는 사회운동으로 확대되고 있는 추세다.

특히 코로나19로 인해 오프라인이 제약을 받으면서 플랫폼 연결이 가속화되어 기존에 없던 생태계를 만들고, 우리 일상의 생활패턴을 완전히 바꾸면서 플랫폼 기업이 가파른 성장을 하고 있다.

현재 성공하고 있는 대다수 기업은 공유와 연결을 기본으로 자원과 정보를 공유하는 서비스기업이다. 국내에도 연결 앱을 통하여 배달의민족, 요기요, 배달통과 같은 배달 앱이 있고, 여기어때, 야놀자와 같은 숙박 앱도 있다.

우버에서 운영하는 '우버이츠'라는 음식배달 사업이 모빌리티(우버택시) 부문 매출을 뛰어넘었다. 미국에서는 배달 문화가 활발하지 않아 피자 정도만 배달이 가능하고, 대부분 포장 문화에 익숙하다. 미국에서도 코로나 이후 배달 서비스가 가파른 성장을 보이고 있다. 이 수혜 효과를 우버이츠가 보고 있다.

2007년 스마트폰이 출시되면서 기존 인터넷망과 새로운 콘텐츠를 이용한 모바일 비즈니스모델이 나타나기 시작했다. 차량 공유서비스인 우버, 숙박 공유 서비스인 에어비앤비, 아마존, 메타 등 모두가 스마트폰의 기존 자원을 이용하여 공유와 연결로 성공한 기업이다. 지금 공유와 연결은 기업을 넘어 현대 사회의 화두로 떠올라 공공업무나 국가적 차원 프로젝트에서 반드시 고려해야 할 미래의 필수적 사항이 되었다.

공유와 연결을 기반으로 한 소셜미디어의 출현이 본격화되었다. 메신저에 질문을 입력하면 인공지능이 빅데이터 분석을 바탕으로 로봇이 실시간 대응해주는 대화형 메신저가 챗봇(Chatbot)이다. 메타의 메타 메신저, 텐센트의 위챗, 텔레그램의 텔레그래 등이 이에 속한다.

챗봇은 전자상거래, 은행, 서비스 업종 등 다양한 분야에서 고객서비스에 이용되고 있다. 대표적으로 뱅크오브아메리카, 스타벅스, 디즈니 같은 기업은 주문 및 고객 응대에 챗봇을 이용하고 있다.

e커머스의 전자상거래가 이미 대세로 자리 잡았다. 가장 큰 장점은 시간과 공간의 제약이 없다는 것이다. 기업의 입장에서는 유통비용, 광고비용과 건물임대료 등 거래비용이 획기적으로 절감되며, 소비자 입장에서는 쇼핑을 위해 번거롭게 이동할 필요가 없다는 장점이 있다.

글로벌 기업들은 인공지능(AI), 가상현실(VR), 증강현실(AR) 등 미래 콘텐츠 기술을 선점하기 위해 치열한 경쟁을 하고 있다.

가상현실(VR)은 컴퓨터로 만들어 놓은 가상의 세계에서 사람이 실제와 같은 체험을 하는 최첨단 기법을 말한다. 사이버공간에서 게임을 하고, 의학 분야에서는 수술 및 해부 연습을 하고, 항공·군사 분야에서는 비행 조정훈련 등을 한다. 이 밖에도 가상현실은 건축, 설계, 제품 전시 등 다양한 분야에 적용된다.

증강현실(AR)은 현실의 이미지나 배경에 3차원 가상 이미지를 겹쳐서 하나의 영상으로 보여 주는 기술이다. 가상현실과 서로 비슷한 듯하지만, 그 주체가 실상이냐 허상이냐에 따라 명확히 구분된다.

가상현실은 일반적으로 영화나 영상 분야 등 특수 환경에서만 사용되지만, 증강현실은 현재 일반인들에게도 널리 활용될 만큼 대중화된 상태다. 우리가 자주 사용하는 지도검색, 위치 검색 등도 증강현실에 포함된다.

현재 e커머스 시장뿐만 아니라 플랫폼 시장에도 빅블러(Big Blur) 현상이 심화되고 있다. 'Big'과 흐리다는 뜻의 'Blur'을 합친 빅블러 현상은 인공지능이나 빅데이타, 사물인터넷 등 첨단기술이 발달하면서 산업 간의 경계가 흐릿해지고 산업 간 융합이 일어나는 것이다.

이런 빅블러 현상은 일상에서 쉽게 접할 수 있다. 오프라인 중심이던 은행거래가 '핀테크(Fin Tech)'를 통해 온라인, 모바일 중심으로 바뀐 것이 가장 대표적인 사례로, 오프라인 은행을 사라지게 만드는 요인이다.

네이버에서 2020년 1월에서 6월까지 결제된 금액이 12조 원을 돌파했다. 금융권의 빅뱅으로 사업의 영역이 허물어져 가고 있다. 카카오도 카카오페이와 카카오뱅크의 성공 이후 펀딩과 주식으로까지 영역을 확장해 나가고 있다. 카카오는 메신저로 시작하여 선물·이모티콘샵, 은행, 음악, 대중교통까지 무한한 영역으로 확장하고 있다.

또한 GS25, CU 같은 편의점도 간편식 판매 외에 매장에서 조리한 음식을 팔거나 교통카드 충전, 택배 업무 등 다양한 영역의 서비스를 제공하고 있다.

다시 말하지만, 여러분이 플랫폼을 만들든지, 누군가 만든 플랫폼으로 들어가든지 선택을 해야 하는 시대다. 과거의 시스템에 길들여지고, 패턴에 익숙한 것을 실력이라고 착각하지 말라. 반복된 업무에 숙달하여 실력을 인정받겠다고 생각하지 말라. 수동적이고 반복적인 사고의 틀을 깨고, 내가 얻고자 하는 창조적인 생태계를 만들고 도전하라.

남들이 다 생각하는 것을 생각하는 사람, 남들이 다 가는 길을 가는 사람, 남들이 다 하는 일을 하는 사람, 남들이 다 아는 것을 혁신이라 말하는 사람을 만나지 마라. 익숙한 일을 오래 하다 보면 싫증이 나고, 새로운 변화에 대한 기대도 없어지고, 능률도 오르지 않는 것을 당연하게 여기면 안 된다.

동·식물은 환경이 변하면 적응하지 못하고 죽어 버린다. 그러나 사람은 환경에 잘 적응하는 동물이다.

나는 시골에서 대도시로, 다시 서울로, 서울에서 미국 필라델피아로, 다시 뉴욕으로, 뉴욕에서 샌프란시스코로 이동을 거듭했다. 익숙한 곳에서 낯선 곳으로 갈 때마다 두렵기도 했지만, 새로운 세계에서 경험한 것은 감동을 주기에 충분했다.

회사에서 유럽에 파견하는 일이 있으면 가장 먼저 지원하여 영국, 프랑스, 스페인에 출장을 다녔다. 다양한 환경에서 만나는 사람들과 함께 일하고 공유하면서 글로벌 스탠더드를 경험하게 되었다. 지금도 글로벌 시장을 이해하는 데 나의 가장 큰 자산으로 남아 있다.

여러분도 익숙한 곳에서 낯선 곳으로 시선을 고정하면, 생생하게 상상했던 그 꿈이 현실이 된다는 사실을 경험하길 바란다. 새로운 만남은 익숙한 것과의 이별이 동반되어야 한다.

나는 올해 계획한 책 쓰기를 완성하기 위해 시간을 확보할 수 있는 여러 방법을 생각했다. 골프를 그만두지 않으면 새로운 일을 할 수 없다는 결론에 도달했다. 골프를 치며 친구들과 어울리는 것을 좋아했고, 무엇보다 골프를 잘하기 위해 많은 시간과 돈을 투자한 것을 생각하면 포기하기가 쉽지 않았다. 탈출구를 없애기 위해 골프를 열심히 배우고 있는 친구에게 골프 장비를 주어 버렸다.

시간은 무엇을 포기하기 전에는 새로움을 선사하지 않는다. 시간은 그 어떤 대체재(代替財)가 없을 뿐만 아니라 시간을 보완하고 교환할 수 있는 것은 그 어떤 것도 존재하지 않는다. 돈이 없으면 벌면 되지만, 시간은 벌 수가 없다. 새로운 것을 향해 나아가려면 절실함이 필요하다. 어제와 똑같은 오늘이 발걸음을 멈춰 세우게 해서는 안 된다.

한국은 IT 강국인가?

인터넷 및 SNS가 발달하고, 스마트폰이 새롭게 등장한 2010년대를 전후하여 'IT 강국'이라는 말이 유행했다. IT는 하드웨어를 제조할 수 있는 기술만 한정한 개념이 아니다. 정보처리, 멀티미디어, 통신, 보안 등의 소프트웨어적인 정보기술도 두루 포함하는 개념이다.

한국은 IT 강국일까? 인터넷 환경의 인프라나 반도체, 스마트폰이 세계 시장을 석권한다는 점만을 들어 한국이 IT 강국이라 표현하는 것은 잘못된 것이다. 한국 정부가 오랫동안 '한국은 IT 강국이다.'라며 선전해서 전 국민이 그렇게 알고 있을 뿐이다. 단지 인터넷 보급이나 광케이블의 수, 반도체 기술과 스마트폰의 시장점유율만 평가하는데, 정작 소프트웨어 부문의 지표는 매우 처참한 수준이다. 국내 기업들이 4차 산업혁명을 먼발치에서 따라가고 있는 실정이다. 기존 사업에 클라우드, 빅데이터, 인공지능, 사물인터넷 등을 접목하는 '디지털 전환(Digital transformation)' 속도가 경쟁국보다 느리다.

　한국이 'IT 강국'으로 통했던 적이 있다. 부호분할다중접속(CDMA, 1996년), 컬러 액정 휴대폰(2001년), 와이브로(2004년) 등 하드웨어 개발과 도입 기준으로 '세계 최초' 타이틀이 즐비했다. 2019년에는 세계 최초로 5세대(5G) 이동통신 서비스와 스마트폰을 상용화시켰다. 한국이 이런 기술을 선점하였음에도 글로벌 인터넷 플랫폼 기업 하나 만들지 못한 점이 너무나 아쉽다. 눈을 들어 글로벌 시장을 보지 못한 것이 우물 안의 개구리로 만들었다. '세계 최초'가 아니라 '세계 최고'가 되어야 한다.

　인터넷을 미국이 만들었지만, 한국이 가장 잘 이용한다는 말이 한때 있었다. '누가 만들었는가'보다는 '누가 잘 활용하는가'가 중요하다. 미래 사회에서 생존하려면 정보를 습득하는 능력보다는 정보를 종합하고, 분석하고, 활용하는 능력이 있어야 한다.

　우리 민족은 세계에서 가장 민감도를 가진 손으로 만지는 것은 탁월하다. 타이핑 속도도 가장 빠르다. 기능 올림픽에서도 항상 금메달을 놓치지 않는 나라다. 젓가락을 사용하기 때문에 그렇다고 한다. 나이프를 사용하는 사람보다 30% 더 민감하다. 젓가락을 사용하는 나라가 22개국인데, 우리나라를 제외하고는 모두 나무젓가락을 사용한다. 우리나라만이 쇠젓가락을 사용하는데, 나무젓가락보다 12% 더 민감하다고 한다.

스타크래프트를 미국이 만들었는데, 챔피언은 한국이 많다. 우수한 자원을 가졌음에도 불구하고 사고의 편견을 극복하지 못하고 현실의 편견을 뛰어넘지 못했다. 공유와 연결되는 소프트웨어가 확장성을 가지지 못하고, 하드웨어에 가려져 볼 수가 없었던 것이다. 보이는 디바이스에 집착하다가 보이지 않는 연결에 생각이 미치지 못한 경우다. 지식이 편견과 오만에 갇히면 현실에서 얼마나 멀어지는지를 보여 준다. 반에서 1, 2, 3등 하던 우등생들이 모두 전학 가서 4등 하던 학생이 운이 좋아 1등을 하게 되었지만, 등수는 큰 의미가 없어지는 것과 같다.

그리고 우리는 낚시꾼에 만족했다. 낚시꾼은 절대로 부자가 될 수 없다. 촘촘한 그물망을 만드는 어부가 되어야 부자가 될 수 있다.

우리가 원하든, 원하지 않든 4차 산업혁명(4.0)이라는 거대한 물결이 밀려오고 있다. 4차 산업혁명이 화두가 된 것은 인간 중심에서 기기 중심으로 이동하고 대체된다는 것을 의미한다. 중요한 것은 우리가 거대한 파도를 어떻게 타고 넘을 수 있을지 진지하게 고민하고 통찰해야 하는 것이다. 결국, 조정하고 해결하는 것은 인간의 영역으로 남아 있다는데 한 가닥 안도와 희망을 품는다.

여기서 그 주체가 누구인가를 심사숙고해야 한다. 주체가 나에게서 멀어지면 인공지능이나 로봇의 보조역할을 해야 할지도 모른다. 자신의 고정된 생각에 오래 머물지 않도록 하라.

자신의 스타트업 아이디어가 성공할 수 있는 비즈니스모델인지 묻는 분들이 있다. 나는 엔지니어나 프로그래머가 아니기에 기술적인 메커니즘에 대해서는 잘 모르지만, 시장성과 경쟁력 등 창업에 필요한 여러 조언을 해주는 정도다. 사람들은 아이템이 좋으면 성공할 수 있다고 생각하는 경향이 있다. 단순한 아이템으로 성공할 확률은 10%도 안 된다.

일단 스타트업의 출범을 위해 필요한 조건과 요소들이 의외로 복잡하고 많을 수도 있다. 준비할 것이 많다는 것은 실패할 확률도 그만큼 높다는 뜻이다. 그렇다고 확률의 딜레마에 빠질 필요는 없다. 사업은 확률이 아니라 확신이기 때문이다. 가능성에 집중하면 확률은 껍데기에 불과하다. 거시적 안목에서 객관적으로 분석하고 검증할 수 있는 시스템이 필요하다.

4차 산업혁명 시대의
창의적인 인재 양성

4차 산업혁명을 요약하면 '상상이 현실이 되는 시대'라고 정의할 수 있다. 즉 상상에서 출발한 것들이 기술로 개발되고, 신기술이 등장하면 그에 따른 새로운 비즈니스가 만들어지고, 기존에 없던 새로운 산업으로 연결된다.

학문과 직업의 경계를 허무는 4차 산업혁명은 이미 우리 생활 속에 자리를 잡아가고 있다. 인공지능의 정교한 확장 추세로 사라지는 일자리가 늘어나고, 인간의 영역은 잠식당하고 있다. 원하는 것은 무엇이든지 우리 눈앞에 펼쳐주는 가상현실과 사물인터넷 그리고 빅데이터가 제공하는 인공지능 서비스 등은 미래 사회에 대한 기대를 넘어 조바심을 부추기기에 충분하다.

그 변화는 전방위적(全方位的)인 두려움을 주기도 한다. 2017년 다보스 세계경제포럼에서 우리 아이들의 65%가 현재 존재하지 않는 형태

의 직업을 가지게 될 것이라 예측했다. 직업이 없어지는 만큼 새로운 것
이 생기기 마련이니 조급해할 필요는 없다. 여러분은 직업이 없어지는
막연한 두려움보다 앞으로 새로 생길 직업에 대해 관찰하고 기대감을
가지면 된다.

그럼 4차 산업혁명 시대를 어떻게 대비해야 할까?
그 핵심 요소 중 하나가 창의적인 인재 양성을 위한 교육이다. 과거
교육이 산업인력에 필요한 보편적 기능과 소양을 익히는 것이었다면,
4차 산업혁명 시대에는 창의적 융·복합능력을 키워야 한다. 그 중심에
소프트웨어(SW) 교육이 있다.

4차 산업혁명은 공학뿐만 아니라, 인문, 사회, 예술 등 전반에서 새로
운 가치를 창출하고 진화하고 있다. 학문의 전 분야를 교육하는 대학은
소프트웨어를 기반으로 하는 학제 간 융·복합교육과 연구를 통해 4차
산업혁명을 선도할 새로운 기술 교두보 역할을 해야 한다.

우리는 세계 최고 수준의 IT 인프라와 높은 교육열로 무장되어 있다.
4차 산업혁명 시대에 우수한 두뇌들을 어떻게 교육하느냐에 따라 세계
질서의 중심으로 나아갈 기대감이 높아질 수 있다. 기업이 세계화를 꿈
꾸기 전에 글로벌 인재를 어떻게 체계적으로 교육하고 양성할 것인지
부터 답을 내놓아야 한다. '글로벌화'라는 말을 너무 많이 들어서 식상할
정도가 되었지만, 그만큼 절실하다는 뜻이다. 글로벌 시장의 문턱이 높
은 만큼 더 치밀하게 준비하고 역량을 높일 수 있는 혁신으로 세계의 스
탠더드를 꿈꾸어야 한다.

4차 산업혁명 시대에는 우리가 그동안 경험했던 익숙한 일자리 대부분이 사라진다. 과거와 달리 직업의 관념이나 일자리 패러다임이 달라지는 가장 큰 이유는 4차 산업혁명이 가져올 변화로 글로벌 지형을 완전히 바꾸어 버리기 때문이다. 앞으로 근로자들은 시간과 장소에 제약이 없이 네트워크로 연결돼 프리랜서로 일하는 사람들이 늘어나게 될 것이다.

　중국은 대졸자 중 40%가 스타트업에 뛰어들지만, 우리는 고작 6%의 학생만이 스타트업을 준비하고 있다. 중국의 성공한 100대 사업가의 57%는 20~30대에 창업한 사람들이다. 끊임없이 세상의 변화와 새로움에 대한 지적 호기심을 유지하는 열정이 있어야만 성공할 수 있다.

　AI 로봇이 지능적으로 우리가 하는 일을 성실하게 더 잘할 수 있는 시대가 곧 올지 모른다. 어벙하면 우리를 대체할 것이다.

　4차 산업혁명 시대의 핵심 키로 일컬어지는 인공지능(AI), 빅데이터, 로봇공학, 사물인터넷(IoT), 가상현실(VR), 증강현실(AR), 바이오산업, 신재생에너지, 게놈테크놀러지 등 융·복합이 현실로 구현되고 있다. 우리나라가 이 중에 집중적으로 육성하고, 세계 시장에서 경쟁력을 가질 만한 게 별로 없다는 것이 우울하게 만든다.

　우리는 좋은 IT 환경을 가지고 있음에도 불구하고, 세계 시장에 내놓을 만한 차세대 성장동력을 찾기가 어렵다. 이것을 어떻게 설명해야 할까? 우리의 교육열이나 환경을 봐서는 세계적인 IT 회사도 나오고, 경영자도 나올 것 같은 데 그렇지 못해 안타깝다.

1990년 초반까지만 해도 대학진학률이 33%밖에 안 되었던 것이 2010년에는 79%가 되었다. 2020년 72.5%로 하락했지만, 여전히 대학진학률이 단연 세계 1위다. 문제는 대학진학률이 높다고 하여 우수한 재원들이 양산되는 것도 아니기에 '교육 강국'이라고 하기에는 너무나 부끄럽다. WEF(세계경제포럼)가 매기는 대학진학률은 139개국 중 1위인데, 교육의 질은 57위이다. 지금도 3분의 1의 대학은 정원을 채우지 못하고 있다.

우리 사회는 학력 콤플렉스가 유난히 심하다. 정부는 대학 숫자만 2배 늘리는 방법으로 학력 인플레이션만 부추긴다. 그 후 인재 양성은 어떻게 할 것이고, 일자리는 어떻게 창출할 것인가? 이에 대해서는 아무런 대책이 없다. 마치 애를 어떻게 키울 것인지 아무 대책도 없이 덜컥 애를 낳는 것과 같다. 졸업장을 주기 위한 대학은 있는데, 글로벌 인재를 양성하는 대학은 거의 없다.

1997년 외환위기를 기점으로 기업과 일선 행정구조가 '저비용, 고효율' 구조로 변화되었지만, 각 가정의 경제구조는 반대로 '고비용, 저효율'이 되었다. 취업 문을 뚫으려고 집집마다 자식들의 교육에 쏟아붓는 돈은 엄청나게 늘었다. 너도나도 가는 대학에 내 자식만 안 보낼 수 없는 분위기가 되었다. 경기가 어려워지면 어려울수록 대학을 가야 한다는 인식이 높은 것은 대학 나와야 취직이 된다고 생각하기 때문이다.

학교 반 아이들은 다 학원에 다니는데, 우리 아이만 학원에 안 보낼 수 없는 풍토가 대학까지 연결되고 있다. 부모도 힘들고 아이들도 힘들기는 마찬가지다. 대학만 졸업하면 취직이 될 줄 알았는데, 현실은 그렇지 않으니 또 한 번 절망한다.

대학 졸업 후 플러스알파가 많이 붙는다. 스펙(Specification)을 경쟁적으로 쌓아야 한다는 스펙 강박증을 가지고 있다. 일부 기업에서는 서류 심사에서 스펙만 보고 판단하는 스펙 필터링을 한다. 학점은 기본이고, 토익점수, 어학연수, 자격증, 인턴십, 봉사활동, 공모전 등을 준비하지 않으면 불안하다. 20대들은 스펙을 위해 태어난 사람들 같다. 스펙을 위한, 스펙에 의한, 스펙의 공화국이다.

스펙이 가치가 없거나 무의미하다는 말은 아니다. 여러 가지를 한다고 해서 다 섭렵할 수 있는 것도 아니다. 여러분의 진로에 필요한 것을 선택하여 잘하기 위해 공부하는 것은 언제나 환영할 일이다. 스펙 쇼핑을 하는 시간에 한두 가지에 집중하면 유용하게 쓰일 때가 반드시 있을 것이다. 회사는 여러 가지를 조금씩 잘하는 것보다 한 가지를 특별하게 잘하는 사람을 필요로 하고 인정해준다.

그룹사들은 매년 상·하반기에 대규모 신입 공채를 진행했다. 최근에는 계열사별 수시 채용으로 전환하면서 핀셋(Pincette) 채용이 늘었다. 적극적으로 해당 분야에 꼭 맞는 인력을 정교하게 핀셋 채용하는 추세다. 수시 채용은 높은 전문성을 요구한다. 이른바 '스펙'보다는 한 분야의 전문가를 선호한다.

미국이 고립주의를 선택하고, 유럽, 중국, 일본 등도 보호무역주의로 가고 있다. 먼저 자국 내수시장을 선순환 구조로 만들려고 하는 것은 당연하다. 세계적인 경기침체로 내수경제 위기가 자국 서민경제에 영향을 미치고 있기 때문이다.

특히 고용 창출의 문제가 세계적 어젠다가 된 작금의 현실을 무시할 수 없다. 우리나라도 고급 일자리가 턱없이 부족하다. 맞지 않는 전공을 선택하여 시간을 보내는 것보다, 대학을 나오지 않더라도 잘하는 것을 더 잘하는 데 시간을 투자하면 어설프게 대학을 졸업한 것보다 성공할 확률이 높다.

누구나 공부를 열심히 한다고 해서 잘하는 것은 아니다. 열심히 하면 어느 정도는 하겠지만, 직업을 가질 정도로 잘하기는 힘들다. 공부를 잘하는 사람이 따로 있고, 다른 것을 잘하는 사람이 따로 있다.

내가 잘하는 일이 하나하나씩 쌓이면 신나는 인생이 여러분을 기다리고 있다는 사실을 잊지 말라. 공부를 많이 했다고, 많이 가졌다고 해서 결코 좋은 인생이 되는 것은 아니다. 좋은 일은 내가 의미를 부여하는 가치에 있다. 내가 잘하고, 좋아하고, 사랑하는 일을 하는 것만큼 지속적인 행복을 가져다주는 것은 없다. 자신에게 투자를 아끼지 않았기 때문이다.

MZ세대에게서 나타나는 성향과 가치관은 즐거움과 행복이다. 따라서 소비도 자기만족과 즐거움을 줄 수 있다면 지갑을 기꺼이 열고 아까

위하지 않는다. 활발한 정보공유로 재테크에도 관심이 많다. 자신만의 가치 추구와 도전을 위해서는 혁신적인 일에 기꺼이 뛰어들 준비가 되어 있다.

남들이 좋아하는 길을 거부하고, 익숙한 자기의 세계에 빠지지 말라. 여러분이 혁신의 길로 나아가지 않으면, 혁신이 여러분을 옛사람으로 만들어 버릴 것이다.

기업의 성장 없이는
국가 발전도 없다

2014년, 구글은 영국 런던에 본사를 둔 인공지능(AI) 기업 '딥마인더'를 인수했다. 그 비용으로 5억 달러(5,412억 원)를 지출했다. 딥마인더 직원 3명이 탐나 스카우트하려고 했지만 여의치 않자, 기업을 통째로 인수한 것이다. 구글은 알파고를 탄생시킨 딥마인더를 인수한 것을 비롯하여 그간 50조 원에 달하는 엄청난 자금을 쏟아부었다. 미래를 향한 중대한 도전을 하지 않았다면 오늘날 구글이라는 공룡기업은 없었을 것이다.

'구글'이란 단어는 이제 고유명사가 되었다. 영어의 구글은 '검색하다'라는 의미의 동사로 쓰일 정도다. 인터넷에서 검색하는 행동 자체를 '구글링'이라 부른다. "구글링해봐."는 마치 한국에서 "카톡해."라는 말과 같이 일상 용어가 되었다. 구글은 유튜브까지 소유한 IT 기업의 대명사라 할 만하다. 인터넷 무료서비스로 돈을 벌 수 있다는 것을 입증한 기업이기도 하다.

미래가치가 있다고 판단되면 주저 없이 행동하는 기업의 결단력이 부러울 뿐이다. 미국의 기업들은 기존에 없던 새로운 것을 창조해 경쟁을 따돌리고, 새로운 시장을 만들어 가는 혁신을 거듭한다. 이런 결단과 노력이 있기 때문에 미국이 세계 질서의 보안관 역할을 자처할 수 있는 것이다.

이윤이라는 기업의 사익추구 행위가 결국 인류의 삶의 질을 향상시키는 공익과 만난다. 기업의 이윤추구 행위는 문명 발전의 에너지다. 기업의 성장 없이는 국가 발전도 없다.

택시 운전기사를 보호하기 위해 무인자동차 개발을 멈출 수 없고, 은행 직원들을 보호하기 위해 핀테크 사업을 연기할 수 없다. IBM 인공지능이 왓슨을 개발한 결과로 금융, 의료, 법률, 자율주행, 무인 항공기 등 각 분야에서 혁신을 가져왔다.

그런데 우리의 인공지능 개발 수준은 아직 걸음마 단계이다. 4차 산업혁명의 핵심기술 중에서도 인공지능이 백미로 꼽히기 때문에 미국, 일본, 유럽연합(EU), 중국 등은 주도권을 잡기 위해 총력을 기울이고 있다.

인공지능은 인간의 지각, 학습, 추론 등의 능력을 컴퓨터 프로그램으로 구현해내는 기술이다. 2016년 '알파고 바둑 쇼크'로 전 세계적인 이슈가 된 후 우리나라에서도 부랴부랴 민·관이 인공지능 기술 개발에 뛰어들고 있다.

지금도 늦지 않았다. 2019년 자료에 의하면, 전체 벤처 인증 기업 3만 6,529개 회사 중에서 인공지능 스타트업이 154개 회사로 나타났다. 일부는 경쟁력을 확보해 가고 있는 좋은 시그널도 있다.

인공지능 특허 1위는 IBM(8,290개), 4위는 삼성(5,000여 개), 19위는 LG, 20위는 한국전자통신연구원이다. 출원 특허 1위 나라는 일본이다. 20위 안에 거의 절반이 일본 기업들이다. 우리도 나쁘지 않다. 맥킨지 연구소가 4군으로 나누었는데 2군에 속해 있다. 우리나라는 자동화에 따른 생산성 향상과 혁신 기반 지표에서 좋은 평가를 받았다.

강타자일수록 삼진을 많이 당한다. 두려워하지 말고 타석에 자주 들어서야 한다. 실패가 두려워 타석에 들어서지 않으면 영원히 타율은 영(0)이다. 강타자가 날린 홈런 때문에 삼진의 치욕이 가려졌을 뿐이다. 바보 같은 짓들이 없다면 똑똑한 짓도 결코 생길 수 없을 것이다. 똑똑한 사람이 바보가 되는 것은 간단하다. 두렵다고 하여 가만히 있으면 바보가 된다.

나는 중학교 때 도회지로 전학 가기를 바랐지만, 막상 간다고 생각하니 두려웠다. 부모님이 안 계시는 도시의 낯선 환경에 적응하는 것이 불안해서 잠을 설칠 정도였다. 만약 전학 가는 게 두려워서 포기했더라면, 나는 지금 고향에서 선산을 지키고 있을지도 모른다.

워런 버핏은 "체력이 약한 내가 아프리카에 태어났다면 사자 밥이 되었을 것이다. 내가 큰돈을 벌 수 있는 사회에 태어난 것은 정말 행운이다. 이 사회가 나를 부자로 만들었다."라고 했다. 혼자 힘으로는 성공할 수 없다. 함께할수록 더 큰 성공을 성취하고 가치를 만들어 갈 수 있다.

MIRACLE FIVE

PART 4　최고의 능력을
발휘할 타이밍

적자생존의 게임에서 이기는 법

글로벌 경쟁은 정글의 법칙과 다르지 않다. 사슴은 사자보다 더 빨리 달려야 잡아 먹히지 않고, 사자는 사슴보다 더 빨라야 굶어 죽지 않는다. 위기감에서 해방되는 순간 죽을 수도 있으므로 의도적인 긴장감을 유지해야 한다.

고등학교 때는 명문대에 진학하면 만사가 잘 풀릴 것만 같았다. 그런데 막상 서울대에 들어가 보니 매일 데모였고, 학교는 거의 휴교 상태였다. 원치 않게 군대에 갔고 제대하고 보니 학생 수가 몇 배로 늘어나 있었다. 졸업정원제를 한다며 상대적 평가를 하니 학우가 경쟁자가 되어 버렸다. 이런 학교 풍경이 불편했다. 고시 공부하는 사람은 그렇다 치고, 취직하기 위해서 학점에 목숨 걸고 스펙 쌓기에 매달리는 전에 없던 면학 분위기가 낯설었다.

지금의 대학교 상황도 별반 달라 보이지 않는다. 대학에 입학하자마자 스펙을 쌓느라 동분서주하고, 취업을 위해 자격증 시험을 준비하지 않으면 불안을 느낀다. 강의를 하다 보면 나에게 단기 어학연수를 다녀와야 하는지 묻는 학생들도 많다. 어학연수를 안 가는 것보다 갔다 오는 것이 좋을 수도 있지만, 그게 최선은 아니다.

이렇게 악착같이 공부하고 스펙을 쌓아 겨우 기업에 들어갔다고 치자. 인생의 대로가 열리나 싶은데, 여기도 경쟁이다. 치열한 적자생존의 게임에 뛰어들 수밖에 없는 구조가 우리 사회이고 기업의 생리다. 심지어 형제끼리도 보이지 않는 경쟁 심리가 있다. 여러 형제들 중에 경제적으로 처지는 형제는 명절 때 함께 모이면 부모님께 세배만 후딱 하고 사라진다. 경쟁이 기술과 문명의 발전을 이끌었지만, 한편으로는 인간관계를 삭막하게 만들기도 한다.

우리 사회는 베이비붐 세대(1955~1963년생)들이 고령화에 접어들고 있다. 베이비붐 세대의 자녀들인 에코붐 세대(1977~1997년생)가 경기 침체와 취업 절벽과 맞물려 힘든 시기를 보내고 있다. 베이비붐 세대들은 이전의 세대들과 다르게 자녀에게 경제적 도움을 받을 수 없는 처지이다. 한 가정에 아버지와 자녀가 동시에 구직하는 경우가 많아졌다.

그러던 차에 코로나 팬데믹으로 경제에 미치는 영향을 가늠할 수 없을 뿐만 아니라, 변종 바이러스 출현으로 언제 종식될지 예측하기 힘든 상황이다. 이런 불확실성의 시대에 청년들의 양질의 일자리는 점차 사라지고, 저임금 일자리만 양산하는 구조로 고착화되는 것은 아닌지 걱정이다.

국내 기업은 글로벌 경쟁에서 밀리기 시작하면서 입지가 계속 좁아지고 있다. 글로벌 시장에서 경쟁력과 차별화가 가능한 선순환 구조가 약화되면 전반적인 경제 시스템이 작동 불능화가 될 수밖에 없는 구조다.

세계화 시대의 글로벌 경제에서는, 국력은 단연 기업들이 주도하는 글로벌 마켓에서 찾아야 한다.

토머스 프리드먼은 《렉서스와 올리브나무》에서 냉전 시대에 가장 많이 나온 질문은 정치적인 관점에서 '당신은 누구 편인가?'였지만, 세계화 시대에 글로벌 경제 관점에서 가장 많이 나오는 질문은 '어느 정도로 연결돼 있는가?'라고 밝히고 있다. 이전에는 '친구와 적'으로 나뉜 세계였다면, 지금은 '경쟁자'만 남는 시대다. 이전에는 문제를 정치적으로 해결했다면, 지금은 경제의 패러다임이 세계화(Globalization)로 규모의 경제에서 새로운 질서가 만들어진다. 얼마 전까지만 하더라도 국제화(Internationalization)가 국가 간의 교류를 통하여 양적으로 증대했다면, 세계화는 양적 교류를 넘어서 무한 시장경쟁의 모드로 지구촌의 블록이 허물어지는 단일국가 체제이다.

현대 사회는 모든 것을 경쟁 모드로 전환하여 더 빠르게, 더 낮게, 더 치열하게 몰고 가지 않으면 불안을 느끼도록 만든다. 각 부서의 팀끼리도 성과급제도를 도입하여 한 팀은 보너스를 받는데, 옆 팀은 보너스를 못 받는 일이 일어난다. 이런 현실을 경쟁이기 때문에 공정하다고 여겨야 할까?

공정과 정의는 누구 중심으로 이루어지고, 어떤 관점에서 해석되느냐에 따라 불공정이 될 수도 있고 불의가 될 수도 있다.

요즘에는 주 52시간 적용으로 직원들을 강제로 퇴근시키기 위해 소등하는 경우도 있다. 주 52시간 일하는 것이 공정한 일인가? 공장의 생산라인에서는 일을 더 많이 하기를 원하는 사람들도 많다. 그들의 기본권인 노동선택권을 제한하는 것이 민주국가에서 공정이고 정의인가? 업무가 많으면 회사에서 일하는 것이 좋은데, 강제로 퇴근시키니 하는 수 없이 서류를 싸 들고 집에서 하게 된다. 업무 효율은 안 오르고, 실질적인 근무시간만 길어질 뿐이다.

정치인이나 법 집행자들은 무엇이든 법으로 명문화시켜야 안심하는 스타일이라 모든 일을 무 자르듯이 처리한다. 그러나 모든 일이 일률적으로 한 방향으로 정리되는 것은 아니다. 일의 효율성을 극대화할 수 있게 탄력적으로 운용할 필요가 있다. 일자리가 많은 것이 좋은 것이 아니라, 양질의 일자리로 고용 안정성이 보장되는 일터가 많아야 한다. 그러나 이런 일자리는 갈수록 줄어들고 있다.

국내의 유일한 휴대폰 생산기지인 삼성전자 구미사업장은 생산량이 점점 줄어 연 생산량이 약 3% 내외(1,000만 대)이다. 지난해 베트남 공장에서 코로나로 인하여 생산에 큰 차질이 빚어졌다. 결국 폴더블폰 생산라인 설비 2기를 구미 지역 협력사로 리쇼어링(Reshoring, 해외 진출 기업의 국내 복귀)했다. '갤럭시S22' 시리즈의 국내 물량도 대부분 구미 공장에서 생산된다.

삼성전자는 3억 대가 넘는 스마트폰 생산량 중 대부분을 중국과 베트남에서 만들고 있다. 베트남 수도 하노이에서 차로 1시간 정도 떨어진 박닌성과 타이응우옌성 두 곳의 공장에서 삼성 전체 스마트폰의 약 60%를 생산한다. 인도 노이다공장은 연 1억 대를 생산하고, 브라질, 인도네시아 공장은 현지 수요에 맞춰 생산량을 조절하고 있다.

베트남에 있는 삼성전자는 휴대폰 생산으로 특별근무를 하고 있다. 직원 수는 3만 명에 달한다. 하루 생산량은 평균 50만 개로 분당 500여 개가 쏟아져 나오는 셈이다. 이 중 3%만 베트남에서 소비하고 97%는 수출된다. 베트남 휴대전화 사업장은 주말을 반납하고 생산하고 있으며, 주말 특근을 자청하는 직원이 많다. 주말 특근 땐 기본급의 200%가 지급되기 때문이다. 그들의 근로 의욕은 돈을 벌고 싶은 간절한 마음에서 시작된다.

이것이 한국에서도 가능한 일인가? 어림없는 소리다. 주문이 밀려 제 날짜에 입고가 어려워도, 해외 신용도에 문제가 생겨도 회사가 알아서 하라고 불구경하듯 하는 게 노조다. 정부는 아직도 왜 기업들이 여건이 되면 짐 싸서 해외에 나가겠다고 하는지 모르는 것 같다. 외국으로 나간 기업들이 유턴하기를 바란다면 기업 친화적인 정책을 강구하고, 높은 임금, 규제 완화, 세금, 노동시장 유연화, 노사분규에 대한 부담을 덜어

주어야 한다. 그리고 기업이 해외로 진출했다가 다시 본국으로 돌아오는 리쇼어링에 대한 인센티브를 확대해야 한다.

　한국에서는 2018년 7월 1일부터 300명 이상 사업장의 주당 법정 근로시간을 기존 68시간에서 52시간(법정근로 40시간+연장근로 12시간)으로 단축하였다. 근로자들이 연장근무를 하기 원하는 경우가 많은데도, 근로기준법은 근로자 보호를 위한 강행규정이기 때문에 노사가 합의해도 52시간을 초과할 수 없다. 누구를 위한 법인지 묻지 않을 수 없다.
　현대자동차 역시 국외 생산 비중이 국내를 앞지른 지 오래되었다. 기업이 해외로 나가면 고급 일자리가 없어진다. 경제민주화라는 허울 좋은 명분으로 기업을 밖으로 내몰아서는 안 된다.

　내가 일하던 때와 비교해보면, 지금은 기업의 근무환경이 너무나 좋아졌다. 임원 회의나 부서장 회의는 아침 7시에 시작하는 경우가 많았다. 아침 9시에 출근해서 저녁 6시에 퇴근하는 것은 상상도 하지 못했다. 보통 7시 30분에 출근해서 밤 9시 전에는 퇴근한 적이 거의 없다. 이것은 '공정하다, 공정하지 않다'로 말할 수 없는 문제다. 일과 시스템을 공정의 잣대로 나눈다고 해도, 각자의 해석에 따라 얼마든지 다를 수 있기에 정확한 판단을 기대하기가 어렵다.
　젊을 때는 공정 따지고, 정의 따질 여유조차 없었다. 밤늦게 퇴근하자마자 이불 밑으로 슬라이딩해서 아침 5시면 일어나 공부하고 6시에 집을 나섰다. 그 당시에 토요일은 명목상 오전 근무였지만 평일과 근로 시간이 비슷했다. 업무량이 너무 많아 힘에 부칠 때는 다른 곳을 기웃거려 보았지만, 여기서 견디면 내가 바라는 미래가 온다는 비전이 나를 이끌었고 버티게 했다. '나는 누구이며, 어디로 가고 있는가?' 생각해 볼 겨를도 없이 직장생활을 했다. 하지만 일하면서 부딪치고, 부딪치면서 배우고, 배운 것을 하는 일에 적용하면서 경험이 쌓이고 조금씩 성장하는 것을 느낄 수 있었다.

적용 가능한 계획과 실천 의지가 충만해야 글로벌 시장의 높은 파고를 온몸으로 막아낼 수 있다. 인간은 현실에 만족하지 못하는 존재로 태어났기에 보다 나은 삶을 동경하고, 도전을 통하여 문명의 이기(利器)를 만들어 간다. 그러나 현실에 근거해서 계획을 수립하고 전략을 짜지만, 결코 그렇게 흘러가지 않을 때가 있다. 그렇다고 멈추지 마라.

실패하고 넘어지는 것도 나를 최적화하는 과정이라 생각하라. 넘어질 때도 무턱대고 넘어지는 것이 아니라 안전하게 잘 넘어지는 법을 배우는 과정이다.

축구 경기에서 골대를 향해 공을 찬다고 해서 다 골인이 되는 것은 아니다. 전반전에 못 넣으면 후반전에, 후반전에도 못 넣으면 인저리 타임 (Injury time)에 골을 넣으면 된다. 이것도 힘들면 다음 경기에서 골을 넣으면 된다.

다른 모든 일을 필요 없게 만드는 그 일을 멈추지 않으면 기회는 반드시 나의 것이 된다.

사업계획서 잘 만드는 법

천재와 보통 사람의 차이는 지능이나 재능이 아닌 '창조적 사고'에 있다. 천재라도 지능(IQ)이 보통 사람의 두 배가 될 수는 없지만, 상상력은 수십만 배의 차이가 날 수 있다.

부자들은 시간을 많이 투입하고 힘들게 노동하여 돈을 벌어들이지 않는다. 그들은 상상의 영역을 확장하고 최대공약수를 찾아서 보통 사람의 수십만 배 소득을 창출한다. 아인슈타인이 "상상력이 지식보다 더 중요하다."라고 말한 이유다.

《아틀라스》의 저자 에인 랜드는 "부는 인간이 가진 사고능력의 결과다."라고 단언했다. 바쁘게 육체노동을 해서는 돈을 많이 벌 수 없다. 이제는 상상력으로 돈을 버는 시대다. 한창 유행했던 창조경제도 상상력에서 시작되었다. 싸이가 부른 〈강남 스타일〉도 기존에 없었던 낯선 콘텐츠에 ICT(정보통신기술)를 적용하여 글로벌 모델을 만들었다. 이것이 창조경제다. 지금의 콘텐츠는 기존상품에 상상력을 결합하여 부가가치를 높이는 패러다임이다.

전 세계 8,400여 개 주요 기업을 15년 이상 분석한 결과, 산업 평균만큼의 성장과 수익성을 10년 이상 매년 지속적으로 낸 기업은 전체의 10%도 되지 않았다. 30년 전 미국의 500대 기업 중 현재 남아 있는 기업은 140개에 불과하고, 50년 전과 비교하면 80개밖에 안 된다는 것은 이제 놀라운 사실도 아니다.

1980년대 후반만 하더라도 운동화 시장의 코카콜라와 펩시로 불리며 박빙의 승부를 펼치던 나이키와 리복 두 회사는 2000년대 초반 나이키의 완승(完勝)으로 끝났다. 시장가치는 8배 이상으로 벌어졌고, 결국 리복은 아디다스에 인수되었다.

기업 세계에는 영원한 승자도 없고, 영원한 패자도 없다는 것을 증명하고 있다. 경제 권력은 자본으로부터 나오고, 주식회사 경영권은 지분에서 나온다. 거대한 자본은 집중되는 특징이 있기에 승자와 패자를 확실히 구분해 준다.

성장을 멈추면 안 되는 것은 모든 기업의 운명적 과제다. 생존은 곧 성장이라는 공식에 맞닥뜨리게 된다. 성장이냐 멈춤이냐는 단순한 기업의 선택적 논리가 아니다. 날마다 벼랑 끝에 서 있는 절박함이 묻어나지 않으면 도태되는 것은 시간문제다. '현상 유지만 하면 된다.'라는 전략으로 기업을 운영하면 시장에서 외면받는 길로 이미 들어서는 것이다.

지금의 기업은 '중간지대'가 없다. 일정 기간은 버티는 것처럼 보이지만, 단지 그렇게 보일 뿐이다. 마치 건물이 한 번에 다 무너지지 않듯이 반드시 수많은 징조가 있기 마련이다. 징조를 무겁게 받아들여 혁신하느냐, 가볍게 흘려서 보내고 옛 영광에 취해 있느냐의 차이다.

기업을 경영할 때 '이 사업은 망할 수밖에 없다.'라는 절박함으로 마스터플랜 기본 계획을 치밀하게 세워 가지 않으면, 성공적인 비즈니스 모델을 만들어 낼 수 없다.

회사에서는 경영 전반에 관한 것부터 사업에 이르기까지 기본 계획을 수립하는 연간 마스터플랜을 만든다. 전반기와 후반기로 나누어서 실행할 수 있는 사항들을 분기별 플랜으로 수립하고, 월별, 주별, 일별까지 세분화해서 실행할 수 있도록 한다.

사업계획서는 회사소개서가 아니다. 그런데 사업계획서를 회사소개서처럼 작성하는 사람들이 많다. 정부 지원이나 투자를 유치하기 위해서 투자계획서를 만든다면, 누구나 쉽게 알아볼 수 있고 이해할 수 있어야 한다. 심사 관계자들이 본문의 기술용어까지 이해할 만큼 한가하지 않다는 점을 유의해야 한다.

사업계획서는 제목이 중요하다. 제목에서 사업의 내용을 알 수 있어야 한다. 관계자는 그 내용을 본문에서 세세하게 찾을 만큼 친절하지 않다. 그래서 제목에서 사업의 요점을 알 수 있도록 30자 내외로 쉽게 쓰는 것이 좋다. 예를 들면, '탈모에 여러 방법을 시도해도 안 되는 것을 ○○방식으로 해결하는 제품.' 이렇게 간단하면서도 핵심을 요약하면 보는 사람이 이해하기가 편하다.

사업계획서를 만들 때 내용은 추상적인 표현보다 구체적인 시기와 수치를 설정하여 디테일한 로드맵을 만들어야 한다. 그래야만 구성원들이 진행되는 사항을 확인하고 체크할 수 있다. 비록 목표 달성을 하지 못했더라도 어디부터 잘못됐는지를 알고 다음에 시도할 때 거기서부터 개선하고 보완하면 된다. 두루뭉술하게 계획을 짜면 나중에 자신마저 어디까지 진행되었고, 필요한 자원이 무엇이지 헷갈리게 된다.

중요한 것은 기본 계획 중에 가장 난관으로 분류되는 구간 프로젝트를 극복해야 할 방안이 구체적이어야 한다는 것이다. 현실적이지 못하고 이상적(理想的)으로 치우쳐 있지 않은지를 점검해야 한다. 자신이 활용할 수 있는 인적·물적 자원으로 실현 가능한 것인지도 상세히 점검해야 한다.

사업을 진행하다 보면 여러 고비가 불청객처럼 찾아온다. 예상하지 못했던 돌발 사태가 생기면 우왕좌왕할 수 있다. 비전이 뚜렷하지 않으면 나아갈 방향이 희미해지고 갈수록 목표에서 멀어진다. 현실과 거리가 먼 장밋빛 청사진만 나열하면 설정한 목표를 잃어버리고, 중도에 지치고 포기하는 경우를 많이 본다.

나는 "혼자서 만든 사업계획서가 아니라, 함께할 구성원들과 생각과 뜻을 공유하면서 현실에 근거하여 생각하고 또 생각하여 디테일하게 만들라."고 조언한다.

사업계획서를 한 번에 다 완성하지 않아도 좋다. 1차, 2차, 3차로 나누어서 실행하는 것도 좋은 방법이다. 다 나열하면 머리만 복잡해진다. 어차피 사업은 시간 속에서 순서대로 조금씩 조금씩 연결되는 비즈니스다. 아무리 애를 써봐도 한 번에 반석 위에 올려놓을 수는 없다.

예를 들면, 1차는 아이템(수익모델)에 대한 경쟁력 제고, 2차는 인적 구성과 자금조달에 대한 세부 계획, 3차는 목표 설정이다. 선명한 로드맵을 만들고, 구간마다 분류해서 플랜을 진행하면 스텝 바이 스텝(Step by Step)으로 좀 더 단순하게 갈 수 있다.

사업계획서를 들고 찾아와서 실현방안에 대해 검토해 달라고 하는 사람들이 종종 있다. 그중 더러는 자신들의 자원은 생각하지 않고, 현실과 동떨어진 장밋빛 계획들로 가득한 것을 볼 수 있다. 사업은 자신의 꿈에 관해 이야기하는 것이 아니다. 사업계획은 현실을 바탕으로 실현 가능한 것을 가장 효과적인 역량을 모아 비즈니스의 방법을 모색하는 것이다.

창업하듯이 일하라

회사일을 창업하듯이 열정을 담아 하고, 남들과 똑같이 하던 방식에서 더 나은 방법을 찾는 것이 바로 혁신이다.

지금 하는 일이 다른 모든 일을 의미 없게 만들 만큼 흥미 있는가? 일에 깊이 빠져들고 있는가?

남을 의식할 게 아니라 나를 의식해야 한다. 지금까지 주어진 일만 처리했다면, 이제는 남들과 다르게 생각하고, 새로운 일을 만들어서 해내는 창조적 소수자가 되어야 한다.

남들과 다르기 위해서가 아니라, 나는 남들과 다르다. 그리고 우리 모두의 생각도 다 다르다. 우리는 서로 다름에도 같은 생각을 가지고 같은 방식으로 지금까지 똑같은 일을 하고 있다. 회사에서도 자기 일처럼 하는 사람은 배움이 다르고, 생각이 다르고, 적용방식이 달라서 보통 사람보다 성공할 확률이 높을 수밖에 없다.

창업의 요건을 몇 가지로 정리해 보면 다음과 같다.

❶ 인적 인프라다.

사람이 재화를 창출하므로 인적 풀(Pool)이 완성되어야 한다. 특히 요즘에는 인재의 중요성이 더더욱 부각되고 있다. 구성원의 역량을 적재적소(適材適所)에 배분하여 최대의 결과를 창출하도록 지혜를 모을 수 있는 리더십이 필요하다. 물론 1인 창업은 상관이 없지만, 1인 창업을 하더라도 전문가 그룹에 수시로 자문을 구할 수 있는 채널이 필요하다.

❷ 자본이다.

자본 수급이 불완전하면 계획한 대로 사업을 추진할 수 없다. 자본은 성장동력을 이끌어가는 핵심 에너지다. 생산을 위해 필요한 요소 3가지 중 하나다.

고정비와 가변비로 나눌 수 있다. 아이템에 따라 다르기는 하지만, 최소한 6~8개월의 운용자금을 확보하고 시작해야 한다. 창업이 실패하는 것은 결국 자금과 연결되는 경우가 대부분이다.

충분한 자금을 가지고 시작하는 사람이 많지 않으므로 자금 운용계획을 효율적으로 짜야 한다. 아이템을 가지고 투자자문사나 창투사에 노크해 볼 필요가 있다. 투자사는 대표가 어떤 역량이 있는지를 눈여겨본다.

❸ 아이템이다.

아이템은 게이머들이 들으면 설레는 그 아이템이 아니다. 여기서는 사업 아이템을 말한다. 자신이 가장 잘할 수 있는 분야를 선택해야 성공률을 높일 수 있다. 유념할 것은 창업 3년 내 폐업률이 80~90%, 창업자 100명 중 90명이 실패한다는 것이다. 충분한 준비가 안 된 상태에서 시작하는 경우가 많기 때문이다.

이 사업은 실패할 수밖에 없다는 절박함으로 시작하지 않으면 탈출구만 보인다. 이 아이템과 유사한 업종을 극복할 수 있는 혁신 기술이 있는지, 시장에서의 수요와 미래의 전망, 그리고 적정한 이윤이 확보되는지 등을 고려하여 결정해야 한다. 모든 것을 갖추기는 쉽지 않지만, 문제가 될 것을 뻔히 알면서도 마땅한 대안이 없어서 그냥 넘기면 더 큰 희생을 강요한다.

❹ 비전이다.

비전이라는 말이 너무 흔해서 퇴색될 위험이 있지만, 또한 많이 쓴다는 것은 모든 사람이 동경하고, 이루고 싶은 열망 있어서 그렇다. 참여한 전 구성원이 비전을 공유하고, 비전을 명확하게 설명할 수 있어야 한다. 비전은 앞으로 나아가게 하는 원동력이고, 내가 여기에 왜 있는지 자기 정체성을 드러내는 힘이다. 목표, 가치관, 동기 등을 그림을 보듯이 선명하게 그려야 한다. 비전은 미션을 수행할 미래의 구상 능력이다.

❺ 실행 능력이다.

아름다운 집을 지어도 전기가 들어오지 않으면 그 집은 빈껍데기에 불과하다. 밤에는 암흑천지에다 냉·난방도 안 되고, 전기기구로 할 수 있는 것이 하나도 없다. 미국에서 그런 경험이 있어 전기의 소중함을 잘 안다. 만약 10억을 들여 건물을 지었는데 전기가 안 들어오는 집이라면 얼마에 사겠는가?

여러 조건이 잘 갖추어져도 일을 추진할 열정의 에너지가 없으면 함께 갈 명분을 잃어버린다. 구성원들의 열정이 잠재적 능력을 깨우는 힘이 된다.

성과를 내는 모든 사람의 공통점은 올바른 일을 찾는 능력뿐만 아니라, 목표에 이르도록 하는 실행 능력을 갖추고 있다. 지식, 근면성, 상상력, 환경 등이 아무리 뛰어나도 실행 능력이 없으면 실패한다. 아무리 성능이 좋은 무기가 있더라도 들고 나가서 싸울 사람이 없고, 사용 방법을 모르면 무용지물이다.

실행 능력이 떨어지는 사람일수록 계획이 화려하고 거창하다. 이 사업에서 실행해야 해결되는 것이 얼마나 많은지를 모른다. 장황한 말로 할 수 있는 사업은 세상에 하나도 없다.

얼마 전, 대기업도 수행하기 힘든 조 단위의 사업계획서를 들고 와서는 진행을 도와달라고 하는 사람이 있었다. 1조라는 돈이 얼마나 어마어마한 돈인지 모르는 사람이었다. 1조는 억의 1만 배다. 하루에 100만 원을 쓴다면 2,739년을 써야만 다 쓸 수 있는 돈이다. 1년에 돈을 3

억 6,500만 원밖에 못 쓰는데, 은행에 예금하면 현재 금리 기준으로 연 1.5% 이자만 받아도 1년에 150억이다. 이자과세 15.4%를 제하고도 127억 이자가 붙는다. 한 사람이 소비해서는 다 쓸 수 있는 돈이 결코 아니라는 것을 알 수 있다. 조 단위의 돈을 본 적도 없고, 벌어 본 적도 없는 사람일수록 1조를 쉽게 입에 올린다. 이런 사람은 1조의 가치를 모르거나 아니면 거의 사기꾼이다. 돈의 개념이 없거나, 알면서 쉽게 이야기하거나 황당한 것은 마찬가지다.

돈만 있다고 해서 사업을 할 수 있는 것은 아니다. 사업가 이전에 훌륭한 리더가 되어야 한다. 리더는 여러 가지 악기로 이루어진 오케스트라의 지휘자와 같다. 지휘자의 손끝에서 한데 어우러져 내는 섬세한 선율이 감동을 주느냐, 주지 못하느냐는 지휘자의 손에 달렸다. '마에스트로 정명훈'이라고 불릴 만큼 세계적으로 인정받는 지휘자가 기업에도 필요한 시대다. 바이올린 하나의 줄에서 나는 미세한 소리까지 감지하듯, 리더는 회사 전체의 상황을 파악하여 협주할 곡과 파트별 단원을 선정하고, 메인 파트너, 보조할 파트너를 선별하여 합주체를 만드는 사람이다.

아무리 지휘를 잘하는 마에스트로도 연주할 파트너가 없으면 재능도 아무 의미가 없게 된다. 각자의 위치에서 자기 소리를 내고 하모니를 이룰 때 관객들이 감동하고 박수를 보낸다.

단순한 것이 아름답다

'단순한 것이 아름답다(Simple is beautiful).'라는 말이 있다. 단순하다는 것은 명쾌하다는 것이고, 쉽다는 것이며, 누구나 공감할 수 있는 상식에 부합한다는 것이다. IT 세계도 단순화를 추구하고 있다. 디지털 컨버전스(Digital convergence)는 디지털 융·복합으로 다양한 기능이 한 기기 속에서 구현되는 것이다. 구체적으로 시계, 카메라, 전화기, TV, 셋톱박스, PDA, 노트북 PC, 프린터, 스캐너 등의 다양한 정보들이 한 기기에 융합되는 현상을 말한다.

단순함이란 복잡성을 무시하는 것이 아니라, 그것을 극복함으로써 단순함을 연결하는 통일성의 결과물이다. 아인슈타인은 상대성의 원리를 아무리 설명해도 사람들이 어렵다고 하자, 쉽고 단순하게 이렇게 말했다.

"뜨거운 난로 앞에 있을 때는 1분이 2시간처럼 느껴지고, 천하절색 미인과 같이 있으면 2시간도 1분처럼 느껴지는 것이 바로 상대성 원리입니다."

사람들은 일을 시작할 때 단순하고 작은 일부터 시작하지 않고, 거창한 것에 뛰어들다가 중심을 못 잡고 나가떨어지는 경우가 많다. 수십만 명의 팔로워를 가진 SNS 인플루언서들도 팔로워 구독자 한 명에서 시작했다.

자본시장은 숫자의 세계다. 주식, 채권, 선물, 펀드지수, 가상화폐 등 웬만한 지식이 없으면 이해하기 어려운 것들로 도배를 하고 있어 자신의 힘으로는 단순화하기가 어렵다. 투자자의 입장에서는 이해하기 쉬워야 좋은 상품이다. 또 그런 걸 고르는 게 좋은 투자. 금융권에서는 난해한 조항들로 투자자들을 의도적으로 헷갈리게 하는 경우도 더러 있다. 투자는 상식에서 벗어나면 하이리스크(High-risk)가 따른다. 투자의 범위와 종류에 따른 난이도가 높으면 투자가 아니라 투기다. 진실과 성공의 원리는 생각하는 것보다 훨씬 간결하다. 누구나 듣고 금방 이해하고 공감할 수 있는 상식이다. 좋은 것과 나쁜 것을 쉽게 아는 것과 같다.

우리의 삶은 너무 복잡해서 생각을 단순화하고, 주위환경을 정리하려고 하면 할수록 따라붙는 것이 많다. 단순화가 어려운 것은 생각의 질서가 균형을 잡지 못하고 있다는 것이다. 내면을 들여다보면 많은 것은 복잡한 것과 연결되어 있다. 어떤 가지를 쳐내고 중심에 어떤 대표선수를 세울 것인가에 따라 주변이 정리된다.

'거스 히딩크 매직'이라 할 만큼 유명한 히딩크 감독은 우리 선수들이 복잡한 전술에 길들여져 팀의 모든 선수가 모든 포지션을 소화하고 상황에 따라 유동적인 플레이를 구사하는 '압박 축구', '아트 사커'라고도 하는 '토털 사커(Total soccer)' 전술을 구사하는 데 많은 애로사항이 있었다.

히딩크는 "한국의 감독들이 복잡하게 전술을 짜는 경우가 많다. 하지만 큰 대회일수록 전술을 단순하게 짜고, 나머지는 선수들의 개인 역량에 맡기는 게 더 낫다."라고 했다. 단순함이 곧 디테일이다.

스티브 잡스는 1977년 개인용 컴퓨터를 출시하면서 "단순함이 곧 정교함이다(Simplicity is the ultimate sophistication)"라고 했다. '단순함'과 '정교함'이라는 키워드가 애플의 정신이다. 단순함이란 복잡성을 무시하는 것이 아니라, 그것을 극복함으로 단순함을 연결하는 통일성의 결과물이다. 스티브 잡스는 사람들이 무엇을 원하는지를 이해하고, 사용자가 쓰기에 편하도록 제품을 단순하게 만드는 데 집중했다.

투자의 귀재라 불리는 워런 버핏은 "주식 투자에서 가장 중요한 것, 바로 단순함을 유지하라."고 조언했다. 좋은 회사는 단순하다. 수요는 매출과 직결이 되고, 수익성은 회사의 잠재적인 성장 가능성이고, 가격

경쟁력은 확장성과 연결된다. 이것이 회사의 미래를 평가하는 기준의 전부다. 거대한 마스터플랜보다는 위험관리를 최우선으로 하는 컨틴전시 플랜(비상계획)이 중요하다.

주위에서 보면 투자에 전혀 도움이 되지 않는 찌라시에 매달리고, 그런 쓸데없는 노력을 쏟아부어서 얻은 시시콜콜한 것들이 오히려 중요한 것들을 놓칠 뿐만 아니라, 투자에 전혀 도움이 되지 않는 잡동사니들이다. 단순함을 유지하면서 핵심 결과치를 분석하고, 자본의 동향을 꼼꼼하게 점검하면 큰 무리가 없다.

여러 종목을 내놓고 투자자들에게 판단하라고 하면 투자를 쉽게 할 수 있는 사람은 거의 없다. 좋은 상품은 간단명료하고 누구나 공감하고 쉽게 이해가 되는 종목이다.

복잡한 문제에 얽히고설킨 상황에서 우왕좌왕하지 않고 핵심 요소에 집중하는 것이 단순화다. 기업이나 주식을 분석할 때 어려운 기법을 동원하고, 체크리스트를 장황하게 만들지만, 실제로 간단하게 이해할 수 있는 방법이 있다. 기업이 내놓은 자료가 핵심이 흐릿하고 복잡하면 경영진이 극복하기 힘든 무언가가 있다.

성장률보다 영업이익의 일관성이 중요한 이유가 있다. 이익이 나면 이익에 대한 자료를 분석하고, 적자가 났으면 적자에 대한 원인을 분석하면 된다.

그리고 향후 동향을 주시할 필요가 있다. 조사 자료가 많으면 좋은 투자로 연결될 것 같은 만족감은 생각으로 끝날 확률이 높다.

우리가 흔히 접하는 보험약관을 보면, 눈이 아플 정도로 **빽빽**한 잔글씨가 여러 장으로 나열되어 있다. 이 약관을 읽다가 포기하는 것이 아니라, 아예 처음부터 포기하고 설계사의 설명 몇 마디 듣고 사인하는 게 전부다. 설령 읽는다고 해도 정형화된 계약조항을 이해하지 못하기는 마찬가지다. 보험회사가 예외 규정을 두어 책임을 회피할 상황이 많다 보니 길어지는 것이다.

소비자를 보호하기 위해 특별약관까지 만들어 불이익이 없도록 구구절절 작성했겠는가? 천만의 말씀이다. 가입자의 보험금 지급 사유보다, 보험회사의 면책 사유와 가입자의 이행의무 위반과 무효 사유를 더 장황하게 설명하기 때문에 길어지는 것이다.

단순하다는 것은 과거에 묶여있던 것으로부터 깨끗하게 정리되었다는 뜻이고, 거추장스러운 것을 내던지고 새로운 옷을 갈아입을 준비가 되어있다는 뜻이다. 단순한 생각은 단순한 행동을 요구한다. 단순한 행동은 집중하게 한다.

'좋아하는 것'과
'잘하는 것'은 다르다

나는 친구들과 어울려 골프 치는 것을 즐겨 했다. 꿈에서도 골프를 칠 정도로 골프를 좋아했다. 특히 미국에서 생활할 때는 한국처럼 복잡한 과정을 거치지 않고 부킹(booking)하는 번거로운 일을 줄일 수 있어 골프를 잘 칠 수 있는 절호의 기회였다. 운 좋게도 미국에서 주니어 대표까지 한 파트너가 있어 골프를 체계적으로 배울 수 있었고 어느덧 목표가 싱글이 되었다.

골프는 팔에서부터 어깨와 허리를 회전하면서 작은 공을 맞히는 민감한 운동이다. 특히 허리의 스윙이 중요하다. 스윙 연습을 무리해서 하다가 담이 결린 적도 있었다. 하지만 골프의 재미에 빠져서 아픈 줄도 모르고 계속 스윙 연습을 했다.

만약 내가 골프를 좋아한다고 직업을 프로 골퍼로 선택했다면 성공했을까? 좋아하고 즐기면 아주 잘하지는 못해도 어지간하게는 할 수 있다. 하지만 골프로 먹고살기는 힘들었을 것이다. '좋아하는 것'과 '잘하는 것'은 다르다. 나보다 뛰어나게 잘하는 사람은 너무나 많다. 좋아하면서 잘하는 일이라면 더 잘할 수 있게 동기부여하여 프로가 될 수도 있다. 그러나 단순히 좋아하는 수준이라면 성공할 확률이 낮다.

내 주변에는 한때 아마추어 야구단에서 활약했던 친구가 있다. 야구나 골프나 공을 치는 것이니 야구를 잘하면 운동신경이 발달해서 골프도 잘 치겠거니 생각했다. 그러나 야구를 했던 친구는 휘두르는 힘이 있어 비거리는 많이 나가는데, 소프트에서 타수를 다 잃었다. 강과 약의 메커니즘이 다르기 때문에 골프와 야구는 차원이 다른 문제였다.

삼성전자 공장에 방문할 때마다, 수많은 부품과 장비들이 무엇이고 어디에 쓰이는지 설명을 들어도 잘 모른다. 하지만 가전제품을 사용 용도에 맞게 잘 쓰고 있다. 미국 나사연구소에 방문했을 때도 마찬가지였다. 로켓의 원리만 대략 알 뿐, 장비의 구성과 역할에 대해서 장황하게 설명을 들어도 그중에 10%도 이해하지 못했다. 한 번 들어서 알 것 같으면 나사연구소에 내가 근무해야 하는 것이 맞다. 내가 이해하지 못하고, 모른다고 해서 나를 타박할 사람은 없다. 이 일은 나의 일이 아니기 때문이다. 로켓에 관해 전문적으로 설명할 수 있는 사람은 로켓을 설계하고 제작한 사람뿐이다.

내가 잘하는 분야에 관해 누군가 질문했을 때 전문적인 내용을 이해하기 쉽게 설명할 수 있는 능력을 갖춰야 한다. 그 분야만큼은 남과 비교해서 독보적인 위치에 있어야 프로가 될 수 있다. 그렇지 않고 단순히 좋아하는 수준에 머물러 있다면 잘하는 사람에게 자리를 내어주는 것이 맞다.

사업을 하는 사람들 중에는 자신이 잘하는 것을 하면 좋은데, 남들이 좋은 아이템이라고 하는 말만 듣고 덩달아 그 사업에 뛰어드는 사람이 있다. '남들이 좋다고 하는 것'과 '내가 잘하는 것'을 구분하지 못하면 성공할 가능성이 작다.

또 어떤 사업가는 새로운 일을 시작하는데 도움을 달라고 청한다. 그런데 이미 자신이 모든 것을 결정해 놓고 검토해 달라는 식이다. 자신이 하는 일에 관해 인정을 받고 싶은 것이다. 그러나 좋은 사업이라고 인정해주지 않으면 기분이 상해서 돌아간다. 잘했다고 칭찬을 듣는 것과 사업의 성공 여부는 아무런 관련이 없다.

나는 사업상담을 요청하는 사람들에게 "반드시 잘하는 것을 하라."는 말을 빼놓지 않는다. 내가 잘 모르는 일은 뛰어들 만한 분야가 아니다. 다른 사람의 떡이 커 보인다고 해서 탐내서는 안 된다. 잘하는 것을 해도 성공하기 어려운 세상인데, 못하는 것을 하면 망하기로 작정하고 덤벼드는 것과 같다.

친구 아들은 학교에는 가지 않고 그 시간에 PC방에서 게임을 하곤 했다. 억지로 붙들어서 학교에 데려다놓는 일이 반복되었다. 담임 선생님에게 전화가 오면, 온 PC방을 뒤지며 찾으러 다녔다고 한다. 부모로서 울화통이 터질 노릇이었다. 더는 말릴 수가 없어서 학교를 자퇴하고 게임학교 이스포츠아카데미에 입학을 시켰다. 그런데 입학 후 2년 만에 이스포츠 리그에서 우수한 성적을 거둔 게이머가 되었다. 현재는 프로게이머를 꿈꾸며 미국 유학을 준비하고 있다. 이스포츠 기업이나 프로구단에 좋은 대우로 입단하는 것이 목표라고 한다.

한 가지 일에 집중해도 성공하기 어려운 세상에 여러 가지 일을 동시에 잘하려면 경쟁력이 떨어지는 것은 자명하다. 모든 일을 잘할 수 있다고 하는 사람이 가장 위험한 사람이다. 물론 모든 일을 잘할 수 있는 멀티플레이어(Multiplayer)가 되면 금상첨화이겠지만, 모든 것을 잘한다는 것은 거의 불가능하다. 모든 것을 잘한다는 것은 특별히 잘하는 게 없다는 뜻이기도 하다. 자신의 레벨에서 잘하는 것이지, 프로의 세계에서는 모두 다 잘한다는 것은 모두 다 못한다는 말로 통한다.

자기가 잘하는 것을 하면 성공할 수 있다. 누구나 잘하는 것이 한두 가지는 있다. 잘하는 것이 없다면, 없는 것이 아니라 단지 찾지 못했을 뿐이다. 전에는 공부를 잘해야만 좋은 기회를 잡을 수 있다고 생각했는데, 지금은 직업군이 다양해졌기 때문에 확장성에 맞추면 반드시 자기의 길이 있고 성공할 루트가 열려 있다. 현대 사회는 다양성을 수용할 준비가 되어 있다. 사람마다 스타일이 다른 것을 인정하고 잘하는 일을 업으로 삼는 것이 좋다.

어떤 직원들은 "저는 아무리 생각해도 잘하는 것이 없는 것 같습니다."라고 얘기한다. 누구에게나 달란트가 있는데, 자신이 아직 찾지 못했거나 계발하지 못했을 뿐이다. 또 어떤 사람들은 좋아하는 일이 남들이 인정해주는 일에 치중되어 있다. 그 방면에 특별한 달란트가 있어서가 아니라, 화려하게 조명받는 게 좋아 보여서 무작정 뛰어드는 것이다. 그러나 그 일은 희망사항의 사다리를 걸쳐 놓은 동경의 대상일 뿐이다.

'좋아하는 일'이 있다면 그것을 '잘하는 일'로 연결해 보자. 잘하는 일은 계속할 수 있다. 잘하는 일은 몰입할 수 있기에 싫증이 나지 않는다. 일에 빠져 배고픈 줄도 모르고 집중하기도 한다. 여러분이 사랑하는 일을 찾고 집중하면 성공하지 못할 이유가 없다. 일을 사랑하는데 능률이 오르지 않거나 좋은 결과가 없다면 그게 더 이상한 일이다.

그러나 일이 일로 느껴지면 노동이 되고 금방 싫증이 난다. 일하기 싫은 사람은 시계만 보고 퇴근 시간이 되자마자 회사를 빠져나간다. 당연히 일에 능률이 오르지 않는다. 일하면서 지겨움을 느끼면 그 분야에서 성공할 수 없다.

누구나 자기가 하는 일을 사랑하면, 할 수 있다고 생각하는 그 이상의 일을 할 수 있는 에너지가 생긴다. 그 일을 사랑하는 만큼 보이고, 그 일에 몰입하는 만큼 나아갈 수 있다.

속도가 아니라 방향이다

우리 직원들과 얘기해보면, 자신이 하는 일이 적성에 맞지 않는다고 말하는 경우가 의외로 많았다. 아직 취업하지 못한 청년들은 이 얘기를 듣고 "좋은 직장에 들어갔으면 그것으로 행복한 줄 알아야지 한가하게 적성 따지고 배부른 소리나 한다."라고 할 수도 있다. 대기업에 입사하는 것이 녹록지 않은 현실이지만, 적성에 맞지 않는 일을 계속해야 하는 것도 고역이다. 스스로 열망을 불러일으킬 만한 일을 선택하는 것이 중요하다.

'인생은 속도보다 방향이다.'라는 말이 있다. 가고자 하는 방향이 맞지 않으면 속도를 낼수록 이상과 목표에서 점점 멀어진다는 뜻이다. 서울에서 부산으로 가고자 하면 남쪽으로 가야 하는데, 만약 북쪽으로 가고 있다면 간 거리만큼 다시 돌아와야 한다. 방향 자체가 틀리면 돌아오기가 쉽지 않다. 방향이 맞더라도 시행착오를 거쳐야 할 과정이 생각보다 많은데, 쓸데없는 데 시간과 에너지를 낭비해서는 안 된다.

공자는 "멈추지만 않는다면 천천히 가는 것은 문제가 되지 않는다."라고 했다. 빠르게 속도를 내면 지치기 쉽고 금방 피곤해진다. 빠르게 가면서 방향을 잃는 것보다 속도를 늦추고 더디게 가는 편이 낫다. 조바심과 성급함 때문에 속도를 내면 지금까지 했던 일까지도 망칠 확률이 높다. 더디게 가다 보면 속도는 컨디션에 따라 자동으로 빨라지게 되어 있다.

오래전에 TV에서 삼치낚시를 하는 것을 보았다. 고깃배 양옆에 커다란 대나무 낚싯대를 달아놓았다. 낚싯대 끝에 빈 바늘을 달아 바다에 내리고 앞으로 달리면 삼치가 줄줄이 걸려 올라왔다.

어부는 인터뷰에서 "삼치는 성질이 급하여 자기보다 빨리 달리는 것을 보면 참지 못한다."라고 했다. 삼치는 햇살에 반짝이며 배에 이끌려 빠르게 나아가는 은빛 금속바늘을 멸치로 알고, 더 빠르게 헤엄쳐 잡아먹으려다가 미끼도 없는 바늘에 걸려든다.

혹시 여러분도 조바심 내고 성급해서 속력에 목숨을 걸고 있지는 않은가? 자신이 가는 길이 정확하고 치밀한 계획에 의해서 움직이고 있는지 점검하면서 전진하길 바란다. 그리고 잘못된 방향으로 나아가면서 끝없는 도전을 하고 있지는 않은지 돌아볼 필요가 있다.

여러분은 반짝이는 것이 멸치인지, 빈 낚싯바늘인지 구분이 되는가?

방향 없는 속력은 간 것만큼 돌아오는 길도 멀고 험하다.

유연한 틀에서 변화를 맞이해야 한다

기술적으로 21세기의 화두는 디지털 컨버전스(Convergence, 융합)
이다. 전자산업 내에서의 컨버전스뿐만 아니라, 산업 간의 컨버전스를
촉진하고 있다. 이미 자본과 문화예술의 컨버전스는 여러 모양으로 진
행 중이다. 디지털 컨버전스가 모든 영역을 파괴하고 새로운 가치를 탄
생시킨다. 이비즈니스(e-business) 지식기반 서비스 산업을 어젠다로
삼아 기술개발 펀더멘털을 견고히 할 때 기회는 찾아온다.

캐시카우(Cash cow)가 되는 미래의 차세대 성장동력산업(Item)을
발굴하고 육성해야만 살아남을 수 있는 환경이다. 찾고, 두드리고, 열어
가는 것이 어렵지만 피해갈 수 없는 도전이 기업의 숙명이다.

기업마다 질(質)경영에서 인재(人材)경영으로의 전환을 서두르고 있
다. 막상 채용하려고 하면 준비된 사람이 많지 않아 항상 최선보다는 차

선을 선택할 때가 많다. 열정적이면서도 버라이어티(Variety) 넘치는 사람들이 작은 상자(우리나라)의 프레임을 거부하며 밖을 보고, 큰 그림을 그리고, 꿈을 꾸는 자가 미래를 열어 가게 되어 있다.

돌궐제국의 영웅 돈 유쿠크는 "성(城)을 쌓는 자는 반드시 망하고, 끊임없이 이동하는 자만이 살아남는다."라고 했다. 동서고금을 막론하고 어느 세대든 변화가 가져다 줄 세상을 꿈꾸는 자가 있다. 고정된 틀에서 변화를 맞이하는 것이 아니라, 유연한 틀에서 변화하여 맞이하고 극복해야 한다. 영화 〈최종병기 활〉에는 "바람은 계산하는 것이 아니라, 극복하는 것이다."라는 대사가 나온다. 이 말을 염두에 두어야 한다.

실제로 시장의 변화를 예측한다는 것은 매우 어려운 상황이다. 잘한다고 나름 정보를 수집하고 분석해서 대응해 보지만, 시장의 흐름을 꿰뚫고 진단하기란 생각보다 어렵다. 그러나 예상치 못했던 변화의 파고를 온몸으로 부딪치면서 이겨 나가야 한다. 앞으로 나아가려면 할 수 있는 것은 모두 다 해야 한다. 생각할 것이 없을 때까지 생각해야 한다.

우리는 미래를 설계하고 대비하기는커녕 현재를 따라잡기도 벅차다. 변화의 바람이 한 발자국도 앞으로 나아가지 못하게 한다. 그러나 세계 시장은 우리의 생각보다 크고 넓어서 새로운 기회가 다양한 방식으로 나타난다.

헤라클레이토스는 "만물은 변화하며, 그대로 머물러 있는 것은 없다. 변화 외에 불변하는 것은 없다."라고 했다. 변화는 기본적으로 우리가 피할 대상이 아니라 적극적으로 맞이할 대상으로, '변화의 형태'에 초점을 두고 관찰할 필요가 있다. 흐르는 물에 몸을 맡기면 가만히 있어도 떠내려간다. 안간힘을 쓰고 발버둥 쳐야만 그나마 현상을 유지할 수 있다. 물을 거슬러 올라가는 펄떡이는 물고기처럼 한순간도 절박함을 잊으면 안 된다. 운전 중 한눈을 팔면 찰나의 순간에 낭떠러지로 곤두박질칠 수도 있다. 우리가 아무것도 하지 않고 있는 것이 가장 나쁜 케이스다. 인생의 경주에서는 가만히 있으면 자신도 모르는 곳으로 떠내려갈 뿐이다.

공부를 게을리하지 않고, 도전을 두려워하지 않으며, 때로는 실패도 감수하는 것은 더 나은 선택을 하기 위함이요, 이기는 게임을 하기 위해서다. 내가 찾고 두드리면 생각지도 못했을 때 기회가 열린다.

영화 〈포레스트 검프〉를 보면 'We are the Champion.'이라는 말이 나온다. 포레스트 검프는 사회적 편견과 괴롭힘 속에서도 진정한 삶의 가치와 의미를 찾아가는 감동을 주었다. "인생이란 한 상자의 초콜릿과 같다. 네가 무엇을 집어 들지 아무도 모른다."라는 명대사는 일이 생각대로 안 풀린다고 해서 지금 실망할 필요가 없다는 메시지다.

우리가 무엇을 선택하느냐에 따라서 인생의 크기와 넓이가 달라질 수 있다. 어떤 선택을 하든 그 일을 정말 사랑했으면 좋겠고, 정말 즐겼으면 좋겠다. 포레스트 검프는 도망을 다니기 위해서 뛰기 시작한 것이 성공을 가져다주는 기회가 되었다. 자신이 가고 싶은 곳에 가기 위해 뛰었는데, 그게 삶을 변화시키는 기회가 된다는 사실을 일깨워 주었다.

시대가 바뀌고 있는데도, 지금까지 해온 일을 손에서 놓지 못하고 계속 붙들고 있는 사람이 있다. 혁신적 기술로 인하여 사장되는 기술인데도 옛 방식을 고집하는 사람들이 있다.

소개로 상담을 요청한 사람 중에도 스마트폰 시대인데, 피처폰에 필요한 케이스 생산라인을 개선하지 못하고, 개발도상국에서 이용할 것이라는 믿음으로 계속 가동하는 분이 있었다. 그래서 예를 들어 설명해주었다.

"오랜만에 가족과 함께 외식하려고 유명한 고깃집에 갔습니다. 그런데 하필 그 시간에 배가 너무 아파서 먹으면 체할 것 같았습니다. 이 경우에 돈이 아까워서라도 음식을 먹어야 합니까? 아니면 건강을 위해 음식을 먹지 말아야 합니까?"

이렇게 물었더니 그분은 "음식을 먹지 말아야 한다."라고 대답했다.

또 다른 예를 들어 질문을 했다.

"결혼하려고 선을 보았는데, 여자가 전혀 마음에 내키지 않습니다. 이럴 때 여자에게 상처를 주지 않기 위해 결혼해야 합니까?"

이 질문을 받고 그분은 "결혼하면 안 된다."라고 대답했다.

"그러면 미련을 버리시고, 현재 생산라인을 철거하고 스마트폰 라인으로 바꾸세요."

이렇게 소탐대실(小貪大失)할 수 있다고 했더니, 그분은 "조언해주셔서 고맙습니다. 꼭 바꾸겠습니다." 하면서 돌아갔다.

즐겁지 않은 결정을 내려야 할 순간에도 결정을 존중하고 받아들일 준비가 되어 있어야 한다. 결정을 하루하루 미룬다고 해서 달라질 것은 아무것도 없다. 이 모든 상황을 지금 기회로 받아들이지 않으면, 어쩌면 기회가 다시는 오지 않을 수도 있다. 얻는 것보다 잃는 것을 계산하면, 나 스스로 바꿀 수 있는 것은 아무것도 없다.

이것을 '손실 회피 심리'라고 한다. 손실 회피는 얻은 가치보다 잃어버린 것의 가치를 크게 평가하는 것을 의미한다. 예컨대, 1만 원을 잃어버렸을 때 느끼는 상실감은 1만 원을 얻었을 때 느끼는 만족감보다 크다. 정서적으로 2배의 차이가 난다는 실험 결과도 있다. 어떤 사람에게는 기회가 되지만, 또 어떤 사람에게는 '손실 회피 편향'이 '현상 유지 편향'이 된다.

사람들은 내 것 중심으로 생각하기 때문에 뒤에 있는 것은 자연히 가려지고, 보고 싶은 것만 보는 경향이 있다. 가치에 집중할 때 우리의 정신은 리셋(reset)되어 중심을 잡게 되고, 나머지는 저절로 제자리를 찾아간다. 그러나 중심이 흔들리면 나머지도 흔들리고 균형이 무너진다. 집중은 계속적으로 가치를 제자리로 돌리는 작업이다.

독일 앙겔라 메르켈 총리가 언급해서 많이 알려진 '빌레펠트 음모론(Bielefeld Conspiracy)'이라는 농담이 있다. "우리는 빌레펠트에서 온 사람을 본 적도 없고, 빌레펠트에 다녀온 경험도 없으니, 그런 도시는 세상에 없는 거다."라는 내용이다. 물론 빌레펠트는 인구 34만 명의 소도시로 실존한다. 실제로 빌레펠트는 독일에서 18번째 큰 도시로 빌레펠트 프로축구단도 있다.

사람들은 '내가 보지 않고, 경험하지 않으면 없는 거다.'라는 생각을 곧잘 하는 존재다. 자신이 보고 경험한 그 이면에 일어나는 것을 모르면 모르는 대로 흘러가면 좋은데, 그냥 지나치지 않고 현재와 미래가 되어 직접 나타난다는 것을 기억하자.

미루는 습관은 실패자의 방식이다

실패자들이 가장 좋아하는 것은 내일로 미루는 것이다. 지금 당장 할 수 있는 일을 미루다가 결국 마감 시한이 다 되어서야 부랴부랴 해치운다. 이렇게 해서는 성공할 수가 없다.

새해부터 운동한다고 헬스, 요가, 골프 등 각종 운동 티켓을 끊어서 한두 달은 열심히 하다가 시간이 갈수록 시들해진다. 학원가도 마찬가지다. 학기 초에는 학원이 빽빽하다가 시간이 흐를수록 빈자리가 늘어난다. 왜 작심삼일로 끝내냐고 물으면 모두가 "다음부터는 열심히 하겠다."라고 한다.

대한민국에서 여성들의 숙명적인 결심은 다이어트이고, 남성들은 금연, 절주가 아닐까. "올해는 무슨 일이 있어도 꼭 성공할 거야."라고 시작할 때마다 비장한 각오를 하지만, 성공한 사람은 그리 많지 않다. 다이어트를 하려고 하면 뇌에서 식욕이 당기는 시나리오를 만들어낸다고 한다. 대단한 결심으로 성공할 수 있는 것이 아니라, 유혹을 이겨낼 대안을 찾아야 성공할 수 있다. 아무런 대안이 없이 시작하면 실패는 불을 보듯 뻔하다. 실패의 주된 이유는 오늘까지만 마음껏 먹고 내일부터 시작해도 된다는 느슨한 생각과, 안 해도 누가 제재를 하거나 불이익을 주는 사람이 없기 때문이다.

성공한 사람은 무슨 일이든 미루지 않는다. 숙고하여 결심하면 바로 행동으로 옮기는 습관이 있다. 공동체에서 마땅히 자신이 해야 할 일을 미루면, 다른 사람이 그 일을 떠안아야 하는 불편한 진실이 있다.

일본의 경영컨설턴트 혼다 켄은 부자들의 생활습관을 연구하기 위해 일본 국세청 고액납세자 명단을 확보해 그들 중 백만장자 1만 2,000명을 대상으로 설문조사를 했다. 그의 조사에서 밝혀진 부자들의 재미있는 특성 중 하나는 소득수준이 높을수록 설문조사에 응답하는 시간이 빨랐다는 것이다.

부자들이 더 한가해서 그럴까? 아니다. 그들은 어차피 할 일이라면 빨리 처리하는 게 여러모로 유리하다는 사실을 경험으로 알고 있기 때문이다.

새로운 시작을 위한 완벽한 타이밍은 없다. 새해 첫날이 되어야 수호천사가 내려오는 것도 아니고, 생일이 돼야 마법 같은 일이 일어나는 것도 아니다.

삶에서 가장 파괴적인 단어는 '나중'이고, 인생에서 가장 생산적인 단어는 '지금'이다. '내일'과 '나중'은 패자(敗者)들의 단어이고, '오늘'과 '지금'은 승자(勝者)들의 단어다. 결국, 승자와 패자는 습관에서 만들어진다.

　미국에 유학하기로 막상 결정하고 나니, 안 가도 되는 이유가 갑자기 많아졌다. 주위에서도 이제 이곳에서 자리를 잡고 편하게 살 수 있는데, 왜 사서 고생하냐는 분들이 많았다. 부모님도 "안 가면 안 되겠니?" 하시는데, 그 말씀이 내내 무거운 짐으로 다가왔다. 그러나 이미 회사에 통보하고, 미국 학교에도 필요한 수속을 마쳤기에 돌이킬 수 없었다. 일을 저지르지 않으면 갈등만 하다가 아무것도 할 수 없다는 생각이 들어 과감하게 결단했다.

　그동안 꿈꾸던 큰 세계를 직접 보고, 세계의 중심인 미국의 글로벌 문화를 직접 몸으로 경험하고 싶었다. 그리고 미국의 핵심기업에서 세계를 움직이는 촘촘한 시스템을 배우고 싶었다.

　그렇게 열망했던 미국에 도착해서는 한동안 어리둥절하여 멍하게 지냈다. 하루아침에 전혀 새로운 문화에 적응해야 한다는 부담감, 심지어 '학교는 잘 찾아갈 수 있을까?' '처음 만나는 사람들에게 어떻게 말해야 하나?' '밥 대신 빵만 먹을 수 있을까?' 이런저런 생각이 많아 잠을 설쳤다.

　한국 식당이 있기는 했지만, 내 수준이 아니어서 그림의 떡이었다. 이렇게 느슨하게 살아본 적이 없었는데, 이런 재미로 사는가 싶기도 했다.

학교에 가니 정신이 하나도 없을 정도로 해야 할 과제도 많고, 매번 발표해야 할 챕터도 많았다. 미국 명문대에서 학위를 받는 사람이 그렇게 존경스러워 보일 수가 없었다. 나는 한국에서 박사학위를 받고 가서 그나마 패스하는 것들이 있었는데도 말이다.

미국에서 첫 직장으로 선택한 곳은 뉴욕 본사 IBM이었다. 한국에서의 학위와 경력 그리고 미국 대학의 학위를 인정받아 임원으로 채용되었다. 그 당시 세계 최고의 기업에서 일한다는 자부심으로 많이 배우려고 노력했다.

한국과 미국의 직장생활은 조금 달랐다. 미국에서는 일을 좀 하려고 하면 퇴근하는 기분이었다. 퇴근 후 갑자기 시간이 남아서 어떻게 보내야 할지 한때 혼란스러웠던 적이 있다. 혼자서 마땅히 갈 곳도 없고, 만날 사람도 거의 없어 한동안 잘 알아듣지 못하는 TV 방송을 멀뚱멀뚱 보면서 시간을 보냈다. 그런데도 미국의 직장 동료들은 직장생활이 힘들고 스트레스가 많다고 하소연을 했다. 실제로 보이지 않는 경쟁이 치열하여 내일 일을 알 수 없을 정도로 불안한 것은 사실이다. 개인의 능력과 팀 간의 다면평가로 스트레스를 받는 것은 어떤 기업이나 마찬가지다. 나는 그들에게 "한국 기업에 근무하면 한 달도 못 버티겠다."라고 말해주었는데, 이해가 안 된다는 눈치였다.

시간이 남아돌아서 의미 있는 일을 하고, 그동안 하지 못했던 일을 많이 할 줄 알았는데, 그게 아니었다. 시간이 남는 만큼, 한 가지 일을 처리하는 시간이 길어졌다. 출근할 때는 아침밥을 10분 만에 먹어 치웠는

데 쉬는 날에는 1시간이 걸렸다. 근무할 때는 5분 만에 끝낼 전화를 시간의 제약이 없으면 1시간을 붙들고 통화하는 경우가 많았다.

미국 IBM에서 근무할 때는 한국에서 어렵고 힘든 과정을 거쳐서 그런지 업무가 힘든 줄은 몰랐다. 여기서 깨달은 것은 힘들고 어려운 시간을 먼저 견뎌내면, 남들이 힘들다고 할 때 새로운 일에 도전할 수 있는 시간을 확보하고 능력을 나타낼 수 있다는 것이다.

우리가 경계해야 할 것은 편안한 삶에 익숙해져 가는 나태함과 타성에 젖는 것이다. 기준이 무너지는 게으른 습관을 당연하다고 여기는 것이 문제다. 목표를 향해 달려가지 않으면 편한 쪽으로 흘러가는 것이 인간의 습성이다.

내가 편한 것에 안주하고자 할 때, 나로부터 안전장치가 없으면 타성이 나를 이리저리 끌고 다니다가 아무렇게나 방치한다. 그러므로 삶이 삶다워지기 위해서는 끊임없는 자기혁명이 필요하다.

PART 5 좋은 리더는
만들어진다

진정한 리더십은
섬기는 리더십이다

2000년대 기업을 비롯한 사회 전반에서 가장 인기 있던 이론은 '섬기는 리더십(Servant leadership)'이었다. 수직적 권위에 의해 일률적으로 따르게 하는 '헤드십(Headship)'이 수평적 자율에 의해 따라오게 하는 리더십 문화로 바뀌었다. '섬기는 리더십'은 구성원의 자발적인 동의를 중시하지만, '헤드십'은 리더의 판단과 결정에 따라 지위와 권위로 일사불란하게 진행하는 리더십이다.

따르는 사람(follower)이 진심으로 리더로 인정하고, 함께 성장할 수 있느냐에 따라 리더십이 결정된다. 팔로워들이 리더를 이해하고 신뢰한다면, 리더는 그들의 관심과 행동을 이끌어낼 수 있다.

❶ 리더는 영향력(Influence)을 미쳐야 한다.

영향력은 선명한 비전을 공유하고, 동기부여로 따라오게 하는 능력이다. '따라오라'가 아니라 '따라오게 하는' 리더십은 구성원들에게 새로운 기회의 문을 열어주고, 성장의 콘텐츠를 만들어 가는 조직이 되게 한다.

실제로 리더의 영향력이 업무에만 한정되는 것은 아니다. 다양한 사람이 다양한 루트를 통해 영향을 준다. 솔선수범, 업무 추진, 배려, 인내, 열정, 성숙한 관계, 해결 능력, 책임감, 시간 관리 등 영향을 줄 수 있는 프로세스는 너무 많다. 이것은 반대로 이야기하면, 오랜 시간 가까이 있으면 존경받기가 어렵다는 뜻이기도 하다. 구성원들이 업무에 관한 평가뿐만 아니라, 인성에 관한 평가도 함께하기 때문에 리더들이 부담스러워하는 부분이다. 공동체에서 인정받고 존경을 받는다는 것은 배우자로부터 인정받고 존경을 받는 것보다 더 어렵다. 그래서 사람과 그림은 멀리서 보라는 말이 있는 것이 아닐까.

❷ 리더는 비전(Vision)을 구체화시킨다.

인간은 하루를 아무 탈 없이 사는 것으로는 결코 만족하지 못하는 존재다. 리더는 구성원들을 가슴 뛰게 하는 비전을 설정하여 통합의 리더십을 발휘해야 한다. 비전이 선명한 그룹과 단순히 열심히 일하는 그룹은 성취도에서 많은 차이가 있다.

마라톤을 할 때 얼마를 뛰어야만 목표지점에 이른다는 그림이 없으면 중간에 지쳐서 나가떨어진다. 비전을 1구간, 2구간, 3구간으로 세분화에서 구체화하면 구성원들이 일이 진행되는 과정이 보이기 때문에 지치지 않고 나아갈 수 있다. 절반이 지났을 때 포기하고 싶어도 지금까지 몰입했던 열정 때문에 중단할 수가 없다. 이것이 미래를 견인하는 비전이 주는 힘이다.

❸ 리더십은 진실성(Integrity)에서 나온다.

리더는 사고와 행동, 감정이 일관성을 유지해야 한다. 문 안에서 보나, 문밖에서 보나 한결같은 것을 '진실'이라고 한다. 진실은 닫혔던 마음을 열게 하고 공감하게 만든다.

사람들은 진실한 사람을 찾고 원하면서도, 착하기만 하면 항상 이용당하고 손해를 본다고 생각한다. 그러나 진실이 서로 맞닿지 않으면, 함께할 수 있는 일도, 이룰 수 있는 일도 없다. 인간관계를 회복하고 성숙시키는 것은 진실성이다. 안창호 선생이 자주 사용했던 '진실무망(眞實無妄)'이 최대의 무기다. 리더는 진실하고 거짓이 없어야 한다.

❹ 리더는 성장(Growth)해야 한다.

동식물이 살아 있다는 것은 성장하고 있다는 뜻이다. 인간은 가만히 있으면 성장하는 게 아니라 오히려 퇴보한다. 기업의 최대 과제는 지속적인 성장의 모멘텀(Momentum)을 만드는 것이다. 리더가 성장하면 기업이 성장하고 구성원도 함께 성장하는 기회가 된다.

기술혁신을 통하여 기업의 경쟁력을 높이고, 미래 핵심 성장동력을 육성하여 꾸준하게 체질을 강화해야 한다. 기업의 내적, 외적 성장은 꾸준함이 수반되어야 한다. 그런데 성장만 계속할 수 있는 것은 아니다. 성장하지 않을 때 위기 대처 능력 또한 리더십에서 나온다. '성장통'은 위기와 기회가 동시에 존재하는 것과 같이, 기업이 침체의 그늘에 길게 드리워지지 않도록 근육을 키워가는 것이 중요하다.

❺ 리더는 자기 절제(Self-discipline)가 필요하다.

유혹의 과잉으로 시류에 휩쓸려서 판단하고 결정하는 우를 범해서는 안 된다. 어떻게 정보의 홍수에서 욕망을 다스리고 대처할 것인가?

인간은 끊임없이 올라오는 욕망으로부터 완전히 자유로울 수는 없다. 그렇다고 해서 절제의 작동 능력을 상실하면 문제가 심각해진다. 이 욕망을 긍정적인 에너지로 전환하여 목표에 대한 열정으로 바꾸어야 한다.

사람은 자정 능력의 기능을 가지고 있다. 그러나 쾌락이 주는 달콤한 유혹에 빠지곤 한다. 이성적 판단으로 경계해야 한다. 난로에 손이 닿았으면 얼른 떼야지, 화상을 입을 때까지 손을 떼지 않으면 치명적인 상처를 입는다.

❻ 리더는 타이밍(Timing)을 잘 잡아야 한다.

현대 기술의 혁명으로 타이밍에 대한 중요성이 부각되고 있다. 기업은 기회가 왔을 때 반드시 성장해야 한다. 변화의 사이클이 워낙 빠르기 때문에 주도면밀하게 준비하고 대처해야 한다. 그 순간을 위하여 모든 사이클을 맞추고 패러다임을 읽는 지혜가 필요하다.

모든 일에는 적당한 때와 방법이 있다. 철저히 준비한 자에게 기회를 잡을 수 있는 시간이 주어진다. 시간과 기회는 늘 함께 간다. 너무 빨라도 안 되고, 너무 늦어도 안 되는 것이 타이밍이다.

실패한 사람은 두 종류다. 하나는 너무 빨리 타이밍을 잡아 실패의 반면교사가 되는 경우이고, 또 하나는 너무 늦게 타이밍을 잡아서 먼저 진입한 사람이 과실을 다 따먹은 경우다. 경영은 철저한 타이밍 싸움이다.

❼ 리더는 팀워크(Teamwork)에 주안점을 둔다.

리더는 흩어져 있는 촛불을 한군데로 모아서 등대를 만드는 사람이다. 통합의 리더십으로 어두운 길을 비추고 좋은 팀워크를 만들어 간다. 개인의 핵심역량을 점검하고, 달란트대로 팀을 구성하면 한 방향, 한 목표를 향해 응집하는 공동체를 이룰 수 있다.

현재 직장인의 80% 이상이 팀 단위로 업무를 수행하고 있으므로 구성원 간의 유대관계는 매우 중요하다. 좋은 팀워크를 위해서는 구성원들이 제각기 '다름'을 이해하고 시너지 효과가 날 수 있도록 상호 존중하는 태도가 필요하다. '다름'은 또 다른 '옳음'이기 때문이다. 다른 방식과 의견을 충분히 수용하고, 누구나 생각하는 점을 자율적으로 개진할 수 있는 분위를 만들어야 한다.

❽ 리더십은 태도(Attitude)에서 나온다.

일을 못 하는 것이 문제가 아니라, 일을 안 하려는 태도가 문제다. 누구나 부족한 점이 있고, 처음이라 못할 수도 있지만, 잘하려고 노력하지 않는 사람에게는 기대할 것이 없다. 할 수 있는데도 안 하는 사람, 못하는데도 배우지 않는 사람, 매사에 최선을 다하지 않는 사람, 무엇을 해야 하는지조차 모르는 사람들은 본인을 위해서라도 용서할 수 없다.

사람을 대할 때 어떤 태도로 대하는가? 리더는 무엇을 해줄 수 있는가를 고민하는 사람이다. 어떻게 해야 잘할 수 있는가를 보여 주는 사람이다. 그리고 선한 영향력을 미치고, 이끌어 주는 사람이다.

❾ 리더는 우선순위(Priority)를 분별할 능력이 필요하다.

우리는 많은 것을 이미 가지고 있다. 그러면서도 더 많은 돈, 권력, 명예 등도 있어야 한다고 생각한다. 우선이 차선이 되고, 차선이 우선이 되면 일이든 인생이든 그때부터 꼬이기 시작한다.

리더는 우선순위의 프로세스를 효율적으로 만드는 역할을 해야 한다. 그 누구도 모든 것을 다 잘할 수는 없다. 사람마다 자원이 제한되어 있다. 제한된 자원으로 최대의 결과를 만들어내는 사람이 진정한 리더다.

❿ 리더는 관계(Relationship)에서 성공해야 한다.

'일' 중심과 '과제' 중심은 일과 과제가 끝나면 종료된다. 그러나 관계는 지속적으로 연결되고 오래도록 남는다. 관계는 서로의 진실함을 지속적으로 요구한다. 관계는 관심과 나눔 그리고 진실성에서 시작된다.

세상에서 부대끼며 살아가는 사람들은 따뜻한 관심에 목말라 있다. 대부분 인간관계가 무너졌기 때문이다. 직장에서도 관계가 원만하지 못해서 떠나는 직원들이 많다.

나는 팀원에게 야단을 치면 반드시 따로 불러 "많이 서운했지. 다 잘하자고 한 것인데, 미안해. 힘내!" 하면서 토닥여준다. 그러면 "이사님의 마음 잘 알아요. 잘할 수 있다고 늘 격려해주셨는데, 실망을 드려서 죄송해요."라고 응답한다. 환한 표정으로 돌아가는 모습을 보면, 관계가 그렇게 어렵지 않다는 것을 느끼곤 한다.

⓫ 리더는 책임감(Responsibility)이 투철해야 한다.

'스스로 책임감이 있는 사람은 주인이요, 책임감이 없는 사람은 객이다.'라는 글귀를 본 적이 있다. 공동체에 소속되어 있는 사람은 누구나 책임에서 자유로울 수가 없다. 작은 것부터 책임감 있게 실천하려는 굳은 의지가 필요하다. 남과의 약속은 말할 것도 없고, 나와 약속한 것도 책임감을 가지고 이행해야만 약속이 완성된다. 책임감은 꾸준함을 요구한다. 책임감이 강한 사람은 말하기 전에 한 번 더 생각한다.

리더는 책임감이 투철해야 한다. 프로젝트를 수행할 수 있는 사람을 찾아서 함께하는 것도 책임감 있는 일이다. 리더는 무슨 일이든 책임감을 가지고 솔선수범해야 한다.

⓬ 리더십은 소통(Communication)에서 시작된다.

예전보다 소통의 기회가 많아졌고, 분위기도 조성되어 있다. 전화, SNS, 메일 등 소통할 수 있는 창구들이 있는데도 소통의 부재를 호소하는 사람이 많아졌다는 것은 아이러니하다.

진정한 소통이 되기 위해서는 행동이 따라주어야 한다. '행동'은 입으로 말할 수 없고 마음으로 드러내지 못하는 것을 표현하는 '고감도 언어'

다. 따라서 다른 사람의 생각과 감정을 이해하고 느낄 수 있는 공감 능력을 실제 행동으로 보여 준다고 할 수 있다.

의사표시를 행위로 연결하는 조직은 수용능력이 뛰어나고 능력을 극대화한다. 성과가 높은 팀은 대부분 리더와 구성원들이 적극적으로 소통한다. 소통을 통하여 개선할 점, 극복해야 할 일, 시스템적인 문제 등에 대한 고민을 자주 나눈다.

지혜로운 리더가 따로 있는 것이 아니다. 생각하며 행동하는 사람이 지혜로운 리더다. 여러분도 지혜로운 리더가 되기를 바란다.

리더가 되면 사람들을 관찰하고, 선택적 학습에 길들여지지 않고, 자신만의 세계를 만들어 가는 흐름을 읽고, 시야를 넓히는 통찰력을 얻게 된다. 점차 자신에게 어울리는 옷을 찾아서 입는 것과 같다. 아무리 고급스러운 옷이라도 불편하고 거추장스러우면 당장 벗어 던지고, 맞는 옷을 선택할 준비가 된 사람이 진정한 리더다.

강의 중에 "어떤 리더가 가장 좋은 리더인지 한마디로 말해달라."는 질문을 받을 때, 나는 지체 없이 "내일이 기다려지게 만드는 리더"라고 말한다.

질문의 수준이 곧 그 사람의 수준이다

강아지는 온종일 빈둥거리고 아무것도 하지 않아도 전혀 지루하다거나 답답함을 느끼지 않는다. 변화가 필요하다는 생각조차 하지 않는다. 주어진 환경에 불만도 없다.

그러나 인간은 무의미한 시간이 반복되는 것을 견디지 못한다. 똑같은 행동을 반복하면 권태를 느끼고 무언가 변화를 시도해야 직성이 풀린다.

뇌의 신피질의 진화 여부가 인간과 동물을 구분 짓는다고 한다. 신피질은 주로 고도의 정신기능을 관할하는 영역이다. 인간만이 발달된 신피질을 가졌기 때문에 끊임없이 갈망하고 성취를 위해 노력한다. 인간은 자신에게 질문하고 대답할 운명을 타고났다.

2013년에 시리아 내전이 있었다. 엄청나게 많은 사망자와 난민이 발생했다. 화학무기로 민간인까지 공격하는 일이 벌어지자 미국은 시리아 내전에 개입하는 카드를 꺼내 들었다. 시리아를 공습하기에 앞서 존 케리 국무장관은 기자회견을 열었다.

"시리아 공습을 언제 할 겁니까?"

"공습 규모는 어떠합니까?"

기자들은 공습을 전제로 한 질문을 쏟아냈다. 그러나 여기자의 질문 하나가 공습을 평화 모드로 바꾸게 했다. 그 여성은 CBS의 마거릿 브레넌 기자였다.

"시리아가 군사 공격을 피하려면, 지금 당장 어떻게 해야 합니까?"

이처럼 관점을 바꿔 미국이 아닌 시리아 입장에서 공습을 막을 방법에 관해 질문했다. 이에 존 케리 국무장관은 "글쎄요, 시리아가 다음 주까지 모든 살상 무기를 국제사회 앞에 내놓으면 되지 않을까요."라고 대답했다.

사실 시리아 공격에 대한 국내외 반대 여론이 만만찮은 상황이었다. 이때 여기자의 질문이 미국의 근심을 날려 줄 수 있었기에 가뭄의 단비처럼 반가운 질문이었다.

결국, 러시아가 중재자로 나섰고, 유엔은 시리아의 살상 무기를 모두 폐기하기로 결의했다. 여기자의 질문 하나가 미국을 궁지에서 끌어내고, 시리아의 많은 생명을 구할 수 있었다.

질문 하나가 갖는 힘은 대단하다. 특히 리더의 질문은 더욱 그렇다.

리더가 어떤 질문을 하느냐에 따라 조직원들의 '생각 수준'이 달라지기 때문이다.

어떻게 하면 질문을 잘할 수 있을까?

❶ 닫힌 질문이 아닌 열린 질문을 해야 한다.

닫힌 질문이란 답이 '예' 또는 '아니오'로 끝나는 단답형 질문이다.

딸이 사춘기였을 때 대화하는 게 어려웠다. "요즘 학교에서 별일 없니?"라고 물으면 딸의 답은 "네." 한마디가 끝이었다. 너무 답답해서 친구에게 얘기했더니, "네 딸은 양반이다."라고 하면서 자기 딸은 "네, 별일 없는데요. 별일 있었으면 좋겠어요?"라고 맞받아친다고 했다.

나는 질문하는 요령이 생겼다. 닫힌 질문이 아닌 열린 질문을 하기로 했다.

"요즘 학교에서 재미있는 일이 뭐가 있어?"

열린 질문을 하자 딸의 대답이 길어졌다.

"새로운 친구를 사귀었는데, 좋아요……."

만약 아내와 여행 가기를 원한다면, "여보! 여행 갈까요?" 하지 말고 "여행 갈 때 무엇을 챙기면 돼요?"라고 물으면 여행을 가기 위한 준비가 이미 진행되고 있다.

회사에서도 마찬가지다. 상사가 부하직원에게 "그렇게 해서 목표 달성을 언제 하겠어?" 하며 닫힌 질문을 많이 할수록 부하직원과 소통할 가능성은 줄어든다. 책임을 묻는 것이 아니라, "일하는 데 힘든 일이 뭐지?"라며 과정 지향적인 질문을 해야 긍정적인 피드백을 얻을 수 있다.

❷ 부정적인 질문이 아닌 중립적인 질문을 해야 한다.

부하직원이 보고서를 올렸는데 마음에 들지 않는다. 이때 무능한 상사는 이렇게 묻는다.

"이 보고서가 말이 된다고 생각해?"

답은 정해져 있다. 부하가 제정신으로 "말이 되는데요."라고 답할 수는 없다.

무능한 상사일수록 이상한 믿음을 갖고 있다. '부하직원의 행동을 변화시키기 위해서는 모욕감을 줘야 한다.'는 생각이 그것이다.

상대를 질책하기 위한 질문을 커뮤니케이션학에서는 '부정 질문'이라고 한다. 심리학자들은 인간의 뇌는 누군가 나를 공격한다고 느낄 때 작동이 멈추는 메커니즘을 갖고 있다고 한다. 통렬한 자기반성보다는 오히려 자기방어 기질이 작동해 현실을 회피하게 된다는 것이다.

부하직원이 더 나은 결과물을 스스로 고민하게 유도하고 싶다면 이렇게 묻는 게 낫다.

"이 보고서의 장단점은 뭐라고 생각해?"

부정적인 질문보다는 중립적인 질문을 하는 것이 바람직하다.

❸ 판단하는 질문이 아닌 발전적 질문을 해야 한다.

리더가 조회 시간에 새로운 전략 방향에 관해 발표했다. 회의를 마치고 똑똑한 부하직원을 자기 방으로 불러 조용히 물었다.

"오늘 내 발표 어땠어?"

간이 배밖으로 나오지 않은 이상 부하직원은 "최곱니다. 획기적 아이디어입니다."라고 할 것이다. 이런 질문은 의견을 묻는 것이 아니라, 확인하려고 하는 것이다. 리더가 진짜로 부하의 속마음을 듣고, 좋은 아이디어를 얻고 싶다면 이렇게 질문해야 한다.

"오늘 내가 발표한 내용 중에 어떤 점을 보완하면 더 완벽한 전략이 될까?"

이처럼 과거가 아닌 미래에 초점을 맞추는 게 발전적인 질문이다.

만약 요즘 회사의 영업실적이 좋지 않다면 "왜(Why) 영업실적이 좋지 않아!"라고 나무라듯 말하기보다는 "어떻게(How) 하면 영업실적이 좋아질까?"라고 묻는 게 발전적인 질문이다.

무능한 리더일수록 과거의 판단에 얽매인다. 반면 유능한 리더는 미래의 행동에 초점을 맞춘다. 질문의 수준이 곧 그 사람의 수준을 말한다.

18세기 프랑스의 계몽사상가 볼테르는 이미 이런 말을 했다.

"한 사람의 수준은 대답이 아닌 질문의 능력으로 판단할 수 있다."

기업의 수준도 마찬가지다.

"영업 책임자 누구야! 왜 영업실적이 이것밖에 안 돼! 그 이유가 뭐야!"

그저 그런 회사에서는 회의 때 이런 말이 주를 이룬다.

반면에 일류 기업은 다르다.

"고객에게 어떤 차별화된 가치를 제공해야 할까?"

"5년 후, 우리 회사의 주력 브랜드가 되기 위해서는 우리가 지금 할 일이 무엇일까?"

이런 질문이 기업의 영속성을 돕는 질문이다.

가정에서도 마찬가지다. "너 그 점수로 어느 대학을 갈 수 있겠니?"라는 질문을 받는 아이와 "너는 어떤 일을 하고 살면 행복할 것 같니?"라는 질문을 받는 아이는 생각의 깊이가 다를 수밖에 없다.

현대 경영학의 창시자인 피터 드러커는 13세 때 플리글러 신부님이 던진 질문 하나가 인생에 가장 큰 영향을 미쳤다고 고백했다.

"피터야, 너는 죽은 뒤 어떤 사람으로 기억되고 싶니?"

여러분은 훗날 사람들에게 어떤 사람으로 기억되고 싶은가? 5년 후, 10년 후 여러분의 모습이 어떨지 상상해보자.

펀더멘털이 강한 사람이
리스크 관리도 잘한다

똑똑하고 유능한 것 같은데, 단순한 것을 복잡하게 만드는 재주를 가진 사람이 의외로 많다.

회사 프로젝트로 타사와 협의를 할 때가 있다. 의제로 다루어질 문건에만 집중해야 하는데, 여러 의제를 한 번에 올려 처리하려는 경우가 있다. 일은 항상 우선과 차선의 순으로 하나씩 진행되어야 한다. 질문의 순서와 대답의 순서가 질서를 유지하지 않으면 회의는 맥락도 없이 길어질 뿐이다. 순서가 뒤죽박죽이면 복잡해지기만 하고, 시간이 가도 일괄 타결이 안 된다.

나는 이번에 협의할 것만 처리하고, 다음 문제는 다음에 하자고 말한다. 복잡한 것을 단순화시키지 않으면 한곳에 집중할 수가 없다. 그뿐만 아니라 우선순위도 헷갈린다. 방향성이 흐린 사람, 정리가 안 되는 사람과 같이 일하면 덩달아 헤매게 되어 있다.

협상의 기본은 한 가지 주제, 한 문제, 한 사람에게 집중하는 것이다. 프로젝트를 협의할 때는 상대방에게만 집중력을 높이기 위해 이 원칙을 고수한다. 여러 가지를 이야기하면 잡상인이 되어버린다. 협상가는 한 가지에만 집중한다.

전설의 홈런왕 베이브 루스는 "홈에 들어오기 위해서는 1, 2, 3루 베이스를 밟지 않으면 안 된다."라고 했다. 홈런을 쳤어도 반드시 1, 2, 3루를 거쳐서 들어와야 홈런으로 인정한다. 홈런을 치는 것도 중요하지만, 더 중요한 것은 순서를 반드시 거쳐야 하는 것이다.

일상에서도 사소한 일이지만 순서가 바뀌면 안 되는 것들이 있다. 옷을 입을 때는 속옷부터 먼저 입고 겉옷을 입어야 한다. 화장할 때도 바쁘다고 해서 선크림부터 먼저 바르면 안 된다. 얼굴을 씻고 기초화장부터 해나가야 한다.

글을 쓸 때도 주제를 정하고, 줄거리를 생각하고, 독자들에게 전달하고자 하는 내용을 기승전결(起承轉結)로 이끌어가야 한다. 그림을 그릴 때도 구도를 잡고, 스케치하고, 데생하면서 색감으로 구체화해야 한다.

이 원리를 누가 모르냐고 하겠지만, 실제로 프로젝트를 수행하는 사람들을 보면, 이 단순한 것을 오락가락하여 일을 복잡하게 만든다.

펀더멘털이 강한 사람이 리스크 관리도 잘한다. 원래 펀더멘털은 주식시장에서 많이 쓰는 용어다. 때로는 거대한 플랜보다는 위험관리를 최우선으로 하는 비상계획(컨디전시 플랜)이 중요하다.

사람이 저지르는 체계적 오류를 누구에게나 시정할 수 있는 시간이 주어졌음에도 오류를 정정하는 사람은 극소수에 지나지 않는다. 사람들은 거의 모든 분야에서 리스크를 과소평가하는 경향이 있다. 사람들은 자기가 선택해서 판단한 것이 끝까지 옳다는 신념을 가지고 있기 때문이다. 더 나은 방법을 동원할 수 있는데도 편리한 방법에 길들여지면, 상황을 인식하더라도 이기심이 가로막고 결국에는 일을 망치게 된다.

'좋은 사람'을 넘어 '위대한 사람'으로

어떤 집에 초대를 받아 갔다. 거실에 액자가 하나 걸려 있었는데, 이렇게 쓰여 있었다.

'당신 때문에 내일이 기다려집니다.'

나는 "이 가문의 가훈(家訓)입니까?"라고 물었다.

그분은 "이 가훈은 아버님 때부터 내려오는 것입니다."라고 했다.

옛날 분인데 현대식 사고를 가진 분이었다. 보통 가훈은 한자로 적혀 있는 것을 본 터라 생경했지만, 무척 신선했다. 가족을 향한 기대와 사랑으로 오늘의 순간을 넘어가고 내일의 문을 열면 우리가 원하는 세상으로 갈 수 있다는 뜻으로 이해했다. 다르게 표현하면 '당신이 옆에 있어서 행복합니다.'로 다가왔다.

정말 그렇다. 비록 걱정 없이 살지는 못해도 내 옆에 사랑하는 이가 있어 함께 살아갈 이유와 의미를 찾는다. 이 얼마나 자신감을 주는 말인가?

중학생 때부터 도회지에서 학교 다닌다며 부모님과 떨어져 지냈다. 외로움이 병이 될 정도로 우울했다. 내성적인 성격을 외향적인 성격으로 바꾸어 보려고 노력하면서 소통의 중요성을 느꼈다. 외로움은 고독과 다르기는 하지만, 생각하기를 좋아하고 사유(思惟)하는 힘이 생겼던 것 같다.

대학을 졸업하고 전공을 타의로 바꾸어야 할 때, 방황하던 나에게 손을 내밀어 주었던 사람들의 따뜻한 마음이 고마웠다. 미국에서 유학 생활을 할 때는 변함없이 기도로 후원해 주시던 부모님께 감사했고 죄송한 마음이 보태져 더욱 그리웠다.

지금 가장 후회되는 것이 있다면, 어릴 때부터 객지 생활하느라 부모님과 오래 함께하지 못했던 것이다. 그 시간이 가장 아쉽고 슬프다. 모든 만남에는 헤어짐이 있고, 행복 뒤에는 슬픔이 깃들기 마련이다. 모인 것은 흩어지기 때문에 인생은 늘 아쉽고 쓸쓸한 것이 아닐까.

영국 심리학자 하드필드 박사는 자신감에 관해 평생 연구했다. 그는 "아무리 뛰어나고, 지혜가 충만한 사람일지라도 '너는 틀렸어.' '할 수 없어.' '해도 안 돼.'라고 10번만 들으면 자신의 능력을 30%도 발휘할 수 없다."고 했다. 지구 역사상 30% 능력을 발휘해서 성공한 사람은 아무도 없다.

반대로 "넌 할 수 있어." "넌 특별한 사람이야." "네가 있어서 행복해."
라고 자신감을 심어주면, 자신이 가진 한계를 뛰어넘어 무려 500%의
능력을 발휘할 수 있다고 한다.

우리는 말을 할 때 돈이 들거나 힘이 드는 것도 아닌데, 긍정적인 말보
다는 부정적인 말, 비관적인 말을 많이 한다. 칭찬과 격려의 말을 못 하
는 이유는 칭찬과 격려의 말을 평소에 들어본 적 없는 낯선 언어이기 때
문이다. "사랑한다."는 말을 듣지 못하고 자란 사람은 머릿속에서는 맴돌
지만 표현하는데 어색함을 느낀다. 사람은 듣지 못하면 말도 못 한다.

우둔한 사람은 인연을 만나도 인연인 줄 모른다.
보통 사람은 인연인 줄 알지만 인연을 살리지 못한다.
현명한 사람은 소매 끝만 스쳐도 인연을 살려낸다.

인간 경영학에서는 '당신보다 나은 사람과 교제하되, 모든 경비를 부
담하면서 사귀라.'고 한다. 인맥은 수평뿐만 아니라 수직으로도 쌓아야
한다.

맥킨지 보고서를 보니, '비즈니스를 잘하려면 이 3가지를 만들라.'고
한다.

① 언제나 뜻을 함께할 수 있는 다섯 사람을 만들라.

② 나의 부탁을 들어줄 다섯 사람을 만들라.

③ 나의 일을 자기 일처럼 해줄 수 있는 다섯 사람을 만들라.

나를 응원해주고 함께할 사람이 다섯 사람 있다는 것은 성공적인 삶을 살았다는 증거다.

여러분은 이처럼 성공적인 인생을 살고 있는가? 여러분은 지금 어떤 사람이 되어가고 있는가?

99%를 대신할 수 있는 1%의 사람이 되라.

All for me, one for all(전체는 한 사람을 위해, 한 사람은 전체를 위해).

가끔 나는 스스로 질문한다.

• 눈물이 있고 감동이 있는 삶을 살고 있는가?
• 누군가를 만나면 선한 영향력을 미치고 있는가?
• 나로 인하여 힘을 얻고 비전을 향해 달려가는 사람이 있는가?
• 1%라도 마이너스가 아니라 플러스가 되고 있는가?

이 질문에 답을 못하고 망설이게 된다. 그 이유는 여러 가지다. 내 앞 가림하느라 바빠서 이웃을 돌아볼 여력이 없는 것도 있고, 내 삶이 감동을 전할 만큼 마음을 내어주기가 벅찬 것도 있다.

감동은 내가 생각하지도 못하고 기대하지도 않았던 것에서 찾아오는

222

뜻밖의 자극이다. 감동은 내가 외면할 수 없지만, 동시에 논리적으로 분석할 수도 없는 충격이 가슴에 오래도록 잔잔하게 남는 매력이 있다. 감동은 내 마음을 흔들고 지식이나 이해력과는 전혀 상관 없이 나를 감격하게 한다. 진정한 감동은 반석같이 굳은 마음도 녹이는 힘이 있다.

감동을 받으면 나 자신도 모르게 눈물이 나고 실제로 가슴이 저민다. 감동은 '우리'와 직접 연결되어 있다. 진한 감동이 오랫동안 잔잔한 파도를 일으키는 것은 '우리'라는 공감대에서 만나기 때문이다. 뜻밖의 자극을 통해서 지금까지 내가 알고 있던 마음속의 세상이 전부가 아니라는 걸 느끼게 된다.

위대한 삶은 거창한 목표나 명성에 도전하는 삶이 아니다. '즐거움'보다는 '감동'을 선택하고, '소유'보다는 '나눔'을 선택하는 삶이다. 소유의 풍요로움이나 자부심은 있지만, 나눔에서 오는 감동을 느끼지 못한다면 진정으로 행복을 소유한 사람이 아니다.

'좋은 사람'을 넘어 '위대한 사람'이 되라. 좋은 사람은 좋은 환경에서만 좋은 사람이 될 수 있다. 그러나 위대한 사람은 처한 현실과 상황을 초월하여 인생을 부분적으로 보지 않고 통째로 연결하여 앞으로 펼쳐질 미래의 비전을 보고 앞으로 달려나가는 사람이다.

실제로 좋은 사람은 없다. 다만 위대한 사람이 있을 뿐이다. 사람은 자기와 이해관계가 있거나, 자기에게 잘해주는 사람에게 좋은 사람으로 기억되고 싶을 뿐이다.

좋은 것을 넘어 위대한 것에 집중하면 위대한 사람이 된다. 위대한 일이란 역사를 바꾸고, 혁신의 아이콘이 되는 거대한 나팔 소리로 오는 것이 아니라, 소중한 일상의 가치들이 모여 위대한 일을 창조하는 것이다. 위대해서 위대한 사람이 되는 것이 아니라, 위대한 일을 꿈꾸면 위대한 사람이 되는 것이다. 그 위대함이 여러분에게 오래도록 빛나길 응원한다.

자신감이 없을수록
자신감 있게 행동하라

눈부신 아침이 하루에 두 번 오지 않듯이, 젊은 시절도 일생에 두 번 오지 않는다. 두 번 오지 않는다는 것은 다 지나간다는 것이다. 세월은 사람을 기다리지 않는다.

현재 직장에서 하는 일을 지겨워하지 마라. 즐기고 최선을 다해야 한다. 언젠가는 지금 이때가 그리운 날이 올 것이다. 일하고 싶어도 아무도 불러 주지 않는 시간을 위해 젊은 날 후회 없이 시도하고 자신의 능력을 증명해라.

만약 직장에서 더는 버틸 수 없다고 생각되면, 나 자신을 위하여 빨리 그만두고 열정을 쏟아서 하고 싶은 일을 찾아라. 그만두는 것이 최선이 아니라, 새로운 일이 주는 보람이 이전의 일을 덮고도 남을 만한 가치가 있어야 한다. 남이 하지 않는 일을 해야 성공의 길이 있다고 믿는다. 남들이 가기 싫어하고 주저하는 길을 가야 한다.

회사 다닐 때 생각이 복잡한 날에는 버스를 타고 귀가하다가 한두 정거장 앞에서 내렸다. 가슴을 펴고 빠른 걸음으로 집으로 향했다. 엘리베이터를 타지 않고 계단을 헐떡거리며 빨리 걸어서 올라갔다. 그러면 생각이 정리되고 무슨 일이든 부딪쳐 보자는 결론을 얻었다.

악수할 때는 상대방의 손을 힘있게 잡았다. 인사는 힘차게 하고, 전화는 밝은 목소리로 했다. 일주일에 한두 번 정도는 가장 먼저 출근해서 일정을 확인하고, 오늘 할 일을 메모해서 책상머리에 붙였다. 교육이나 강의를 들을 때는 맨 앞자리에 앉았다. 전철에서 내리면 계단을 두세 칸씩 뛰어오르며 맨 먼저 나왔다. 이것은 모두 자신감을 불어넣기 위한 나름의 방법이었다. 쉬운 길을 가려는 나 자신과의 승부에서 이기려고 나를 매일 일으켜 세웠다.

이런 자신감 연습이 필요했던 이유는 업무 스트레스가 많았기 때문이었다. 점점 소극적이고 무기력한 사람이 될 수도 있겠다는 위기감이 중압감으로 다가왔다. '안 되는 이유'를 찾게 되고, 퇴사한 동료들이 현명해 보이기 시작했다. 안 되는 이유를 적어보니 A4 용지에 가득했다. 하루만 지나면 '안 되는 이유'가 한 가지 이상 늘어났다. 그렇게 많은 줄 나도 몰랐다.

어느 날 어떤 계기로 '되는 이유'를 곰곰이 생각해 보았다. 자존심과 주위의 기대 외에는 딱히 적을 것이 없었다. 백지를 앞에 두고 허망했다. 내 기억장치에 힘들고 어렵다는 이미지가 이미 입력되어 있기 때문에 안 되는 이유가 합리화가 되고 설득력을 얻게 된 것이었다.

어머님이 초등학교 때 해주셨던 말씀이 생각났다.

"자신감이 없을수록 자신감 있게 행동해라."

자신감이 없을 때 자신감 있게 행동하면 자신감이 생긴다는 뜻으로 이해했다. 자신감은 행동과 긴밀히 연결되어 있다는 것, 행동하면 자신감이 생긴다는 것을 알게 되었다. 이 말씀을 계속 되뇌며 문제 뒤에 숨으려고 하는 나를 끄집어 올렸다.

우울할 때는 이벤트를 만들어 해소하는 방법도 추천할 만하다.

미국에서 공부할 때 교포 친구의 아내 생일파티에 초대를 받아서 간 적이 있다. 그 친구는 결혼 4년 차로, 부부가 둘 다 늦깎이 대학생이었다. 학생이면서 결혼했다는 것은 부모님 집이 잘산다는 뜻이다.

트렌디한 생일파티 용품을 거실에서부터 치장하여 마법의 집에 온 듯한 환상을 불러일으켰다. 나는 '좋다'는 느낌보다는 '친구가 아내의 생일파티를 준비하느라 얼마나 고생했을까' 하는 생각이 먼저 들었다. 만약 아내와 함께 초대받았다면 비교가 돼서 아내의 생일 때 뒷감당이 부담스러웠을 만큼 휘황찬란했다. 내가 할 수 없는 것을 남이 하면 그렇게 대단하고 신기해 보일 수가 없다. 나는 이런 이벤트는 할 수가 없는 부류다. 만약 한다고 해도 아이디어가 전혀 떠오르지 않아 안 하는 것보다 못할 수도 있다. 누구나 예상 가능한 어설픈 아이디어는 '내가 기대하는 만큼의 반응이 나오지 않으면 안 하는 게 났다.'는 결론에 도달하기 때문에 못 한다.

친구는 아내를 기쁘게 해주려고 망가지는 이벤트도 서슴지 않고 했다. 그 모습을 보며 즐거운 밤을 보냈다. 나도 아내를 놀라 자빠지게 할 수는 없지만, 조금은 특별하게 기억에 남는 생일을 만들어주면 좋겠다는 생각이 들었다. 내가 할 수 없는 것을 다른 사람을 통하여 보는 것도 큰 재미다. 타국에서 느끼는 한국의 정서는 남다르게 다가오는 법이다.

'행복'은 나 혼자 행복해질 수 없는 특징이 있다. 혼자 행복해질 수 없는 것을 '아름다운 동행(Beautiful companion)'이라고 한다.

여러분도 '이보다 더 행복할 수 없다(We could not be happier).'라고 할 때까지 사랑하는 사람과 함께 먼 길을 걸어가면서 동행의 가치를 알아가길 바란다.

직장에서 일하면서 스트레스를 받을 때는, '긍정'해주는 사람과 일하는 것이 아니라 '감당'할 수 있는 사람과 일한다고 생각하면 된다.

관계에서는 나를 '이해'해주는 사람이 아니라 '인정'해주는 사람이 필요하다. 사람을 사귈 때도 이해를 넘어 '나를 있는 그대로 인정해주는' 사람을 가까이하라. 비록 지금은 이해가 안 되더라도 인정해주면 이해할 날이 온다.

긍정적 자아상과 부정적 자아상

같은 환경에서도 각각 다른 시각을 가질 수 있다는 것은 매우 긍정적인 메시지다. 행복과 불행은 생각의 결과물이다. '나에게 프레임을 스스로 씌우느냐, 나를 옭아매고 있는 프레임을 벗어 던지느냐' 선택의 문제만 있을 뿐이다.

특히 실패의 경험이 있는 사람은 '나는 무엇을 해도 안 돼!'라는 절망감 때문에 한 걸음도 앞으로 나아가지 못한다. 자신에 대한 부정적인 이야기나 실패한 경험을 오랫동안 마음에 품으면 그 상처가 어둠 속에 웅크리고 있다가 한순간 평온을 잃게 하고 쉽게 포기하게 만든다.

가장 경계해야 할 적은 내 속에서 반응하는 생각의 퍼즐들이다. 퍼즐을 어떻게 맞추어 가느냐에 따라 자신의 자아상이 그려진다.

나는 나 자신을 어떻게 보고 있는가? 눈을 감고 자신의 이름을 불러보라. 긍정적이면 '긍정적 자아상(Positive self-image)'이고, 부정적이면 '부정적 자아상(Negative self-image)'이다.

오스트레일리아 원주민에게는 특별한 풍습이 있다.

한창 자라야 할 벼가 시름에 잠긴 듯 잘 자라지 않을 때는 여인이 논으로 가서 벼 사이에 웅크리고 앉는다. 그러고는 벼를 바라보며 쌀의 기원에 얽힌 이야기를 들려준다. 이야기를 듣고 난 벼는 자기가 왜 이 논에 있는지, 왜 잘 자라야 하는지를 깨우치고 다시금 자라기 시작한다.

이것은 신화적인 이야기다. 그러나 마음에 깊이 새길 만한 내용이다. '왜 내가 이 일을 해야 하는지, 왜 내가 아니면 할 수 없는 일인지'를 생각해보자. 내가 아니면 설명할 수 없는 것들이 존재한다는 사실을 깊이 인식하면 일이 구체화되고, 가까이 마주하면 방향이 보이기 시작한다.

우리 앞에는 거울 하나가 놓여 있다. 지혜로운 사람은 거울 속에 비친 자신을 발견한다. 그러나 어리석은 사람은 그 거울로 남의 결점을 비추려고 한다. 세상을 보는 눈도 그렇다. 속이 깊은 사람은 내면의 아름다움으로 주위를 밝게 만들고, 속이 텅 빈 사람은 공허하게 남 탓만 하면서 분위기를 흐린다.

환경은 결코 우리의 운명을 결정하는 요인이 될 수 없다. 문제없을 것 같은 길을 선택한 것이 나중에는 오히려 문제가 된다. 쉽게 가는 길은 쉬운 만큼 허무한 결과를 남길 가능성이 크다. 대가를 치러야만 정당한 보상이 돌아오는 것이 세상의 평범한 이치다. 단지, 지금 대가를 치르느냐, 나중에 치르느냐 순서만 남아 있을 뿐이다.

세상에서 가장 처참한 말은 '할 수 있는 것도 없고, 하고 싶은 것도 없다.'는 것이다. 이 말을 생각하거나 입으로 말하는 순간 그 어떤 욕설이나 비방보다 해악을 끼친다. 이 말이 얼마나 많은 사람의 길을 가로막고, 목표 앞에서 쓰러지게 했는지 이루 말할 수 없을 정도다. 스스로 한계를 설정하는 순간 그것에 끌려다니게 된다.

여러분이 꿈꾸는 것만큼 생각하지도 못했던 것이 혁명적 변화로 나타날 것이다. 꿈은 간절함에서 시작된다. 세상을 품고 열망할 때 엄청난 변화가 생길 것을 믿어라. 내가 아니면 할 수 없는 일이 반드시 있다.

주위에서 인정하지 않더라도 나 자신에게 긍정적인 말을 해줘라.

"난 할 수 있어."

"지금까지 잘해 왔잖아."

"나는 지금도 충분히 잘할 수 있어."

이렇게 이루고 싶은 자신의 꿈을 내면화시켜라.

PART 6

5년 후,
눈부시게 달라진 삶

인생은 직선이 아니라 곡선이다

한 사람의 인생은 진로를 선택할 때 중대한 기로에 선다. 그런데 중·고등학생, 대학생 시절에 진로에 관해 절실하게 고민하는 사람이 얼마나 될까?

고등학교 때는 적성과 상관없이 수리를 잘하면 이과 계열, 수리를 못하면 문과 계열을 지망하는 식이다. 계열이 정해지면 학교 성적에 맞춰 선생님이 추천하는 대학교와 학과를 선택하는 게 일반적이다. '어떤 일을 할까?'보다는 '성적에 맞춰 어느 대학에 갈까?'에 관심이 더 집중된다. 이때부터 진로의 첫 단추가 잘못 끼워진다. 대학교 성적 가이드라인에 따라 진로가 자동으로 정해지는 셈이다. 그러니 진로를 고민할 시간에 시험 문제를 하나 더 푸는 것이 낫다고 여긴다.

얼떨결에 성적에 맞춰 대학교와 전공을 선택하고, 얼떨결에 졸업하고 얼떨결에 취직한다. 어느 순간 정신을 차려보면, 자신과 전혀 맞지 않는 길을 가고 있음을 뒤늦게 깨닫는다.

신입직원 채용 면접에서 기억에 남는 젊은이가 있었다.
"어떻게 지원하게 되었습니까?"
이 질문을 받고 젊은이는 이렇게 운을 뗴었다.
"지금껏 제가 원해서 진로를 선택한 적이 한 번도 없습니다. 고등학교 선생님이 추천하는 대학교에 진학했고, 이전 직장은 교수님이 추천해 주셨는데, 적성에 맞지 않았습니다. 그래서 사직하고 대학원에서 공부했습니다. 이제부터 제 인생은 스스로 선택해보려고 합니다."
이 말을 듣고 참으로 다행이다 싶었다. 한편으로는 많은 젊은이가 자기 주도적인 선택을 하지 못하고 있는 것 같아서 마음이 무거웠다. 청년들의 이야기를 들을 때마다 그들이 고민을 함께 나눌 수 있는 좋은 멘토를 좀 더 일찍 만났더라면 얼마나 좋았을까, 하는 안타까움을 느낀다.

나 역시도 고등학생 때 무엇을 하며 살 것인지 고민했지만, 분명한 답을 얻지는 못했다. 막연히 의대에 가서 어렵고 힘든 사람들의 생명을 구하는 의술과 인술(仁術)을 베풀고 싶었다. 교회 고등부 수련회에서 한 선교사님이 "선교 현장에 가장 필요한 사람은 의사다."라고 말씀하셨는데, 그 말이 가슴을 뛰게 했다. 무슨 일을 하든 디테일(Detail)한 편이기에 의사라는 직업이 내 적성에도 맞을 거라고 판단했다. 더욱이 아파서 죽어가는 환자의 생명을 살려 희망을 줄 수 있다면 보람이 있을 것 같았다.

그런데 형님과 삼촌이 의대보다는 법대가 전도유망하다고 말씀하셨다. 특히 법대에 다니셨던 삼촌이 이루지 못한 사법고시에 합격하여 대신 자기의 뜻을 펴달라고 하시는 바람에 결국 법대에 진학하게 되었다. 곰곰이 생각해보니 크게 나쁜 선택은 아닌 것 같았다. 가난하고 소외된 사람들을 위해 옳은 일을 할 수 있으니 말이다. 그러나 '무엇을 잘하는지'보다 '무엇이든지 하면 된다.'라는 논리로 진로를 선택하는 것이 얼마나 무모한 일인지 비로소 알게 되었을 무렵, 이미 때는 늦었다.

한 통계를 보니, 대학전공을 직업으로 삼아 직장생활을 하는 사람은 불과 34%밖에 안 되었다. 청년층의 구직난이 심각한 가운데서도, 취직한 후 불과 2년 내의 조기 이직률이 30%에 이른다는 조사 결과도 있다. 이런 현상은 자신의 적성과 능력을 고려하여 인생의 비전을 구상할 겨를도 없이 시험 성적에 맞춰 대학과 전공을 선택하고 그에 맞춰 사회에 첫발을 내딛다 보니 벌어지는 일이다. 심각하게 고민하지 않고 선택했던 전공인데, 막상 직장에서 일하며 수많은 문제에 부닥치다 보니 갈수록 자신이 바라던 삶과 동떨어진다는 것을 비로소 알게 되는 것이다.

나는 전공을 따라 법 계통으로 나아가지 못한 이유가 있다. 학창 시절 유신 말기에 데모를 했고 경찰서에 연행되었다. 그런 후 일주일 만에 강제로 군대에 입대했다. 문제 사병으로 낙인이 찍혀 보안대에서 날마다 행동반경을 기록하는 감시대상자였다. 그야말로 지옥과 같은 군대

생활이었다. 전역한 후 한 가지 마음에 걸리는 것은 부모님과 삼촌이 그렇게 바라시던 사법고시를 치를 수 없게 된 것이었다. 데모한 전력, 시국사범의 기록이 남아있는 사람은 고시에 합격하더라도 3차 면접에서 탈락을 시켰다.

처지가 비슷한 선배한테 물으니 내가 갈 곳은 경제학과뿐이라고 조언해주었다. 하는 수 없이 대학원을 경제 분야로 전과(轉科)했다. 학부 전공과 전혀 상관없는 대학원 별동대 학생은 내가 유일했다. 전공을 법학에서 경제학으로 바꾸고 열심히 공부하기로 마음먹었지만, 너무나 막막했다. 경제학은 사회과학 중에서도 체계적이고 이론이 탄탄한 실증적 학문이거니와, 한정된 자원을 가장 효율적으로 선택하는 인간의 본능과 심리를 공부하는 가장 광범위한 학문이었다. 학부 내내 배워야 할 학문을 뛰어넘고, 완전 까막눈이 경제학을 선택했으니 고생길이 훤했다. 더욱이 직장에 다니면서 공부했기에 더더욱 힘들었다. 학위 받는 것을 포기할까도 생각했다. 잠을 하루 4시간 이상 자본 적이 없을 정도로 버티고 견딘 덕분에 학위를 받았다. 나야말로 의대에서 법대로, 다시 경제학으로 전과(轉科)를 거듭한 경우다.

내가 원해서 온 경제연구소는 아니었지만, 전반적인 경제 정보를 종합 분석하고 활용하는 일이 좋았다. 지금 생각해보면, 법조인은 내 적성에 맞지 않았을 것 같기도 하다. 요즘, 법조인 친구들을 만나면 그들이 나를 오히려 부러워한다. 가장 큰 이유는 자기들보다 연봉을 몇십 배 많이 받기 때문이다.

대학 교수로 와달라는 제의가 몇 군데서 들어왔다. 하지만 연봉 차이가 컸고, 무엇보다 역동적인 글로벌 회사에서 일하는 것이 좋아서 사양했다.

나는 시간이 걸리고 힘들어도 더 많이 배워서 일을 잘하고 싶은 욕심이 컸다. 현업에서 일하던 중에 기업경영에 관한 지식을 더 쌓고 싶어졌다. 그래서 경영학을 공부하기 위해 휴직하고 유학을 결심했다. 경영학은 인사, 재무·생산 관리, 마케팅, 조직 등을 공부하는 실질적인 학문이다. 경영학을 공부한 덕분에 글로벌 회사의 메커니즘을 심층적으로 배우고 다양한 경험을 한 것이 큰 자산이 되었다.

그동안 시행착오를 거치면서 법학, 경제학, 경영학을 두루두루 공부한 것이 경쟁력이 되었다. 남들이 한 가지 일을 할 때 두 가지 이상의 일을 동시에 할 수 있었다. 예를 들면, 해외투자를 런칭하면서 계약할 때 법률 지식이 도움이 되었고, 글로벌 회사의 시스템 그리고 경제·경영을 이해하고 거시적 경제지표의 로드맵을 만들 때도 유리한 점이 많았다.

지금 돌아보면, 진로를 세 번이나 바꾼 것은 다 이유가 있고 가치가 있었다. 어느 것 하나 소중하지 않은 것이 없었다. 우연 같지만 모두가 필연이었다. 우연을 가장한 필연을 소홀히 하면 안 된다는 교훈을 얻었다.

세상은 넓고 할 일은 많다. 단지, 내가 할 만한 또는 내가 하고 싶은 일을 찾지 못했을 뿐이다. 아는 것을 따라갈 체계적인 계획과 구체적인 준비가 안 되었을 뿐이다.

어찌 보면 자신의 진로를 선택하는 것은 의외로 단순할 수도 있다. 다른 모든 일을 의미없게 만드는 일을 하라. 내가 그 일을 할 때 시간 가는 줄 모르고 몰입한다면, 당연히 잘할 수 있고 그만큼 능률도 오를 것이다. 그런 일을 선택하라고 권하고 싶다.

남들보다 잘 해낼 수 있는 일, 이 일이라면 모든 에너지를 쏟아부어도 후회하지 않을 일. 이런 확신이 들면 큰 꿈이든 작은 꿈이든 소중할 수밖에 없다.

꿈의 사이즈는 성공과는 아무런 상관이 없다. 큰 성공, 작은 성공이 따로 있는 것도 아니다. 땀방울의 흔적이 있으면 나의 소중한 역사로 충분한 가치가 있다. 내 능력 안에서 이룰 수 있는 꿈이 가장 큰 꿈이다.

남들이 보기에 하찮은 꿈일지라도 나에게 하나하나가 소중하다면 충분한 가치가 있다. 작은 성공을 디딤돌 삼아 더 큰 성공을 향해 나아가면 된다.

인생의 길은 직선이 아니라 곡선이다. 조금 돌아가더라도 '좋은 일'보다 '옳은 일'을 선택하면 성공한 인생이다. 좋은 일은 이해관계에 따라 호불호가 나누어진다. 그러나 '옳은 일'은 시시비비가 없이 공정한 잣대로 평가받는 공평함이 있다. 인생을 끊어서 보지 말고 연결해서 보면, 그때 비로소 내가 보이고, 내가 잘하는 것이 연결되기 시작한다.

열망은 크게, 현실은 한 걸음부터

한 연구소에서 설문조사를 한 적이 있다.

'워런 버핏과 함께하는 점심 식사는 어느 정도의 가치가 있는가?'

2012년 경매업체 이베이가 워런 버핏과 함께하는 점심 식사비로 낙찰한 346만 달러(약 39억 원)가 그만한 가치가 있다고 응답한 사람은 22%, 그만한 가치가 없다고 응답한 사람은 51%, 잘 모르겠다는 27%였다.

이 결과는 '현재가치에 중점을 두느냐, 미래가치 혹은 투자의 가치에 중점을 두느냐'의 차이다. 사람들은 '지금' 쓸 수 있는 자원을 '나중'에 쓸 수 있는 자원보다 더 선호한다는 것을 알 수 있다.

미래는 불확실하고 예측할 수 없기에 현재에 집중할 수밖에 없다. 미래에 일어날 일을 전혀 알 수 없다는 것은 미래를 위해 지금 할 수 있는 일이 많지 않다는 뜻이기도 하고, 한편으로는 구체적으로 꿈을 꾸어야 할 이유가 되기도 한다.

잘 모른다고 '할 수 없다.'라는 말을 습관처럼 해서는 곤란하다. 왜냐하면, '할 수 없다.'라는 생각이 무슨 일이든 진짜 할 수 없게 만들기 때문이다. 예측할 수 없고 불확실할수록 구체적으로 잘할 수 있는 것을 탐색하고 찾아 나서야 한다.

직장에서 특별한 일이 없으면 매주 목요일에는 점심 후 직원들과 소통의 시간을 가졌다. 그들은 특히 다국적 기업의 특징과 전략적 비즈니스에 관심이 높았다. 자신이 하는 일과 연계하여 다양한 질문을 쏟아냈다. 자신이 몰랐던 부분, 놓치고 있는 것들을 새롭게 발견하고 그것을 수정하고 보완하려고 애썼다. 그 자체가 자신이 앞으로 나아가야 방향을 점검하고 인생의 중요한 이정표를 세워 가는 과정이라 할 수 있다.

글로벌 기업 청년들도 일반 청년들이 겪는 갈등과 별로 다를 것이 없지만, 단지 지금 하는 일과 하고 싶은 일을 구체적으로 말할 수 있다는 점이 다르다.

나는 그들에게 목표를 향해 "서두르지 말고, 매일 1시간씩 지속적으로 공부하고, 목표를 그림을 그리듯 분명하게 하라."고 한다. 일주일에 7시간을 몰아서 하는 것은 쉽지만, 매일 꾸준히 1시간을 우선순위로 둔다는 것은 생각보다 어렵다.

1시간이 2시간이 되고, 2시간이 3시간이 되도록 몰입하면, 그 일을 사랑하게 된다. 이것이 자신이 찾던 바로 '내 일'이다.

세상에서 내가 하는 일이 가장 중요하다는 믿음이 있어야만, 그 일에 몰입할 수 있는 에너지가 생긴다. 그런 믿음이 없으면 건성건성 엉덩이를 빼고 시늉만 하는데, 이것이 가장 나쁜 습관이다.

지금 하는 일에 인생을 걸 준비가 되어 있는가? 50년 동안 지루하고 따분해하지 않을 일에 말이다. 목표가 선명하면 전에는 크게 보였던 것들이 점점 작고 자질구레하게 느껴진다. 어릴 때 크고 넓게 보였던 학교 운동장이 지금 보면 너무 작게 보이는 것과 같다. 학교 운동장이 작아진 게 아니라, 내가 성장해서 시야가 넓어진 것이다.

여러분이 지금 하는 공부가 5년 후 삶을 바꿀 것이다. 지금 상상하는 5년 후 나의 모습은 어떠한가? 애벌레가 화려하게 나비로 변신한 모습은 여러분이 지금 열망한 그 모습이다. 무언가 되고 싶은가? 무언가 도전하여 이루고 싶은가? 목표를 이루려면 오늘 한 걸음을 힘차게 내디뎌야 한다.

회사 동기들은 승진하는데 몇 년째 승진의 문턱에서 좌절하는 직원을 보면 너무 안타깝다. 등을 토닥여주면서 "괜찮아"라고 얘기해준다고 해서 위로가 되겠는가? 그에게는 직장에서 보내는 하루하루가 얼마나 지루하고 따분하겠는가?

실리보다 명분이 자신을 규정하는 프레임으로 작용할 때, 벗어나려고 하면 할수록 단단히 옭아매는 올무가 된다. 현실과 평범한 꿈의 괴리가 더 이상 좁혀지지 않으면, 어떤 것으로도 만족하지 못하는 게 인간이다.

마치 연극배우가 왕의 화려한 옷과 왕관으로 치장하고 신하들에게 호령하고 시중을 받다가 연극이 끝난 후에는 평복으로 갈아입고 초라한 자신의 삶으로 다시 돌아가는 것과 같다.

자신의 역할에 충실하면 그것이 왕이든 신하든 모두가 고유한 역할이 있다는 것을 알게 된다. 모두가 왕이 될 수도 없고 되어서도 안 된다.

그러나 많은 사람들이 현실에서 오버랩(Overlap)되는 꿈꾸었던 삶을 살지 못하는 자신에게 만족하지 못한다. 그래서 현실과 역할을 혼동하는 경우가 종종 있다. 회사에서는 과장 또는 임원으로 일하고 있지만, 집에서는 남편으로, 아버지로서의 현실을 사는 똑같은 가장이다. 직장에서든 공동체에서든 자기가 맡은 역할이 마음에 들지 않아 최선을 다하지 않는 사람이 의외로 많아서 안타깝다.

내가 맡은 일에 최선을 다하면 또 다른 삶이 열린다. 우리가 하는 일이 원칙이 되고 기회가 된다면, 앞사람이 일어나면 뒷사람도 일어서는 '콘서트 효과'를 만들어 갈 수 있다. 모든 기회에는 어려움이 있으며, 모든 어려움에는 기회가 있다. 헬렌 켈러는 "행복의 문 하나가 닫히면 다른 문이 열린다. 그런데 우리는 닫힌 문을 바라보느라 새로 열리는 문을 보지 못한다."라고 했다. 행복은 미래의 목표가 아니라 현재의 선택이다. 행복을 미래의 목표로 설정하는 순간 현재의 삶에서는 불행을 경험하게 된다.

어떤 일이든 일단 시작하기만 하면, 신기하게도 그다음부터는 누에 고치에서 실이 술술 풀리듯 진행되는 경우가 많다. 처음에는 긴가민가 하여 의욕이 없더라도 일단 시작하면 의욕이 생겨난다. 일을 시작하면 우리 뇌가 점점 더 그 일에 몰입할 수 있게 의욕을 불어넣어 주기 때문 이다. 망설여지던 일도 일단 시작하기만 하면 탄력이 붙어서 이어나가 게 된다.

아침 5시에 일어나기는 싫지만, 일단 알람을 끄고 책상에 앉으면 공 부할 수 있다. 아침에 일찍 출근하기는 싫지만, 일단 집을 나서면 상쾌 하게 일과를 시작할 수 있다. 피곤할 때는 운동하기 싫지만, 일단 운동 복을 입고 신발 끈을 매고 밖으로 나가면 걷고 달릴 수 있다.

일단, 무엇이든 시작해보자. 앉아서 고민하는 것보다 일단 시작하는 것이 중요하다. 처음부터 확신이 있어서 시작하고 성공한 사람은 거의 없다. 단지 포기하지 않고, 하나씩 수정하고 보완해서 없던 길을 만들어 낸 사람들이 성공한 사람들이다.

누군가의 그림자로 살지 마라

사이토 히토리는 일본 최고의 부자다. 중졸의 흙수저였던 그는 어떻게 억만장자가 되었을까?

그는 돈도 연줄도 스펙도 없는 가난한 보험설계사였다. 사람들은 "중학교밖에 안 나온 네가 뭘 할 수 있겠어?" 하면서 입방아를 찧었다. 처음에 그는 중졸 학력 얘기만 나오면 프레임에 갇혀서 말도 제대로 하지 못했다. 그래서 그는 말하는 대신 글을 쓰기 시작했다. 그런 다음부터는 학력 얘기를 들으면 이렇게 응수했다.

"중학교밖에 안 나와서 남들보다 7년이나 사회에 일찍 나왔고 빨리 돈을 벌 수 있었다."

그는 일본에서 유일하게 1993년부터 2005년까지 12년간 '일본 사업소득 전국 고액납세자 총합 순위' 10위 안에 들었다.

사이토 히토리는 글을 쓰면서 스스로 긍정적인 말투를 사용하는 법을 배웠다. 이런 내면의 장점이 있다는 사실에 자신이 정작 더 놀랐다. 사람들은 '말투 하나 바꾼다고 해서 인생이 얼마나 바뀌겠어?'라고 생각한다. 그러나 사이토 히토리는 말투를 바꾸면서 중졸 학력의 프레임에서 벗어났다.

나를 알아가면 긍정적이고 적극적인 의사표시를 통해 자존감을 회복하고, 단점을 장점으로 만드는 힘이 생긴다. 긍정적인 말은 고난과 역경을 축복으로 만들어 가는 자원이다.

"시험을 잘 보고 싶지만, 늦잠도 자고 싶어."라고 말하는 사람은 절대로 시험을 잘 볼 수 없다. "돈을 많이 모으고 싶지만, 일하기는 싫어."라고 말하는 사람은 절대로 부자가 될 수 없다. 어떤 문제에 직면했을 때 "할 수 있어!"라고 말하는 것과 "어차피 안 될 거야!"라고 말하는 것의 결과는 이미 정해져 있다.

공부 못하는 학생은 "너는 공부를 못하는구나"라는 얘기를 들으면 괜히 자존심이 상해서 화를 낸다. 공부 이야기만 나오면 그것이 사실인데도 남들이 자기를 공격한다고 생각하여 민감하게 반응한다. 그런데 공부 잘하는 학생은 "성적이 왜 이래?" 하면 기분이 상하지 않는다. 100점을 맞아야 하는데 아쉽게 답을 한두 개 틀렸으니 전보다 성적이 나쁘다는 소리를 듣는 게 당연하다고 여기기 때문이다.

사람은 다 다르다. 다른 이유는 '비교'라는 것이 아니라 각자 특별한 존재로 '서로 인정하고 구별되게 살라.'는 것이다. 누구나 특별한 인격체로 자신만이 할 수 있는 독특한 무엇이 있다.

미국에서 공부할 때 '동기유발 개발화 교육'이라는 프로그램이 인상 깊었다. 자기학습 성취도를 유형에 따른 학습효과에 적용하는 진단평가였다. 이 사람은 '공부를 잘하니까 우등한 사람', 저 사람은 '공부를 못하니까 열등한 사람'으로 구분하지 않았다.

공부 하나로 사람들을 쉽게 판단하는 것은 빈껍데기에 불과하다. 눈에 보이는 성적만이 전부가 아니다. 눈에 보이지 않는 소중함을 아는 것이 참 앎이다. 그러니 공부를 못한다고 자신을 과소평가해서는 안 되고, 공부를 잘한다고 자신을 과대평가해서도 안 된다.

모든 일을 다 잘하는 사람은 없다. 모든 일을 다 잘하면 좋겠지만, 그럴 수는 없다. 나는 엔지니어를 만나면 한없이 작아진다. 엔지니어들이 기계의 원리를 자세히 설명해줘도 무슨 의미인지 이해하기 어렵다. 내가 그 분야까지 모두 알 필요는 없다. 기계 분야는 엔지니어들이 잘하면 된다. 그렇다고 엔지니어들이 나를 무식하다며 가볍게 보지 않는다. 내가 모르겠다고 할수록 그들은 더 신이 나서 열심히 설명해준다.

누구나 자신만의 전문분야가 있다. '지금 즉시', '반드시', '될 때까지' 자기가 잘하는 분야에서 답을 찾아낼 수 있는 내면화된 능력이 여러분에게 있다.

사람마다 자신의 정체성(Identity)이 있다. 인간은 사회생활을 하면서 원하는 기대에 부응하고, 다양한 역할을 하면서 산다. 자신의 존재를 계속 확인받기를 원하고 믿음의 바탕에서 자신감을 잃지 않으려고 노력하는 존재다. 우연히, 어쩌다 보니 나로서 존재하고 있다고 생각하는 사람은 아무도 없을 것이다.

나는 나로서, 그 누구와도 비교할 수 없는 특별한 존재다. 이 말은 나로서 감당해야 할 일이 있고, 충분히 잘 해낼 수 있다는 뜻이다. 우리는 새장에 갇힌 새와 달리 스스로 열고 나갈 힘도 있고, 창공을 비상할 수 있는 날개도 있다.

나는 그 누구도 대신할 수 없는 소중한 사람이다. 나는 사랑 받기에 충분하고, 또 사랑할 수 있을 만큼 충분히 준비되어 있다. 이런 내가 소중한 삶의 주체가 되지 못하고, 누군가의 그림자로 산다는 것은 있을 수 없는 일이다.

정자 한 마리가 여성을 임신시킨다는 가정을 세우면, 남성 한 명이 지구상의 모든 여성을 수십 번 임신시킬 수 있다고 한다. 몇 십억의 경쟁률을 뚫고 이 땅에 내가 왔다고 생각하면 너무나 소중한 존재여서 한없이 감사하고, 경건하다 못해 경이롭지 않은가?

인간의 생명은 우주를 닮아 신비롭기가 천체에 비견된다. 인체의 심장은 1년에 320만 리터를 뿜어낸다. 기계와는 비교도 안 될 만큼 80~90년 작동해도 고장이 나지 않는다. 눈 깜박거림을 1년에 550만

번 하는데, 80년을 해도 멀쩡하다. 세상에 이런 렌즈는 없다. 우리 몸의 혈관을 모두 연결하면 약 10만km에 달한다. 지구 두 바퀴 반에 해당하는 길이다. 어느 누가, 어떤 기술로, 이 좁은 공간에 이런 정밀한 기계를 다 넣고 작동할 수 있겠는가?

미국에서 세계의 싱크탱크 헤리티지재단 에드윈 풀너 이사장의 강연을 들을 기회가 있었다.

"세상의 모든 기술을 동원해서 인간이 만들어 낸 그 어떤 두뇌집단도, 인간의 비밀을 풀고 인간의 두뇌를 능가할 메커니즘을 설명할 기회를 갖는 것은 요원할 것이다."

이것은 과학자들의 공통된 의견이기도 하다.

뇌 전문 의사 친구는 "인체는 온 우주를 담고 있는 신비의 극치"라고 자주 이야기한다. 우주와 인체를 생각할 때마다 오묘함을 느낀다. 나는 요사이 손의 고마움에 대해 생각을 많이 한다. 손은 제2의 두뇌라 할 만하다. 이 작은 손으로 하는 것이 너무 많아 신비롭게 쳐다본다.

단풍이 형형색색으로 아름다운 건 각자의 색으로 물들어졌기 때문이다. 만약 색깔을 하나로 단장했다면 보는 사람들에게 감동을 주지 못할 것이다. 우리는 각자 자신만의 아름답고 고유한 색깔이 있다. 각자의 색으로 물들이는 시간이 이르거나 늦을 뿐이다. 열심히 사는 것보다는 나로 잘사는 것이 중요하다.

근본적으로 변하지 않으면
천천히 망한다

리더는 회사의 매출을 증대하기 위해 고군분투하고 있다. 효율성에 초점을 맞추면서 구성원들이 회사환경을 이해하는 시스템을 만드는 것이 중요하다. 오늘의 실적보다는 직원들을 한 방향으로 이끌 수 있는 공유 프로그램 즉 '전략적 목표(로드맵)'를 제시하는 데 초점을 두어야만 장기 레이스를 할 수 있다. 같은 일을 하더라도 초점을 '비즈니스'가 아닌 '리더십'에 두어야 한다. 구성원들이 각자 하는 일에 전문가가 될수록 일이 점점 더 쉬워지고, 더 빨리 창조적인 일을 기획할 수 있다.

지금 하는 일에 익숙해져서 새로운 일에 뛰어들기를 두려워해서는 안 된다. 익숙한 일에 매몰되면 시야가 좁아져서 미래를 내다볼 수 없고 변화의 소리가 들리지 않는다. 편안함이 올무가 되어 성장을 방해한다. 과거의 원칙이나 습관에 매여 혁신하지 못하는 '능숙함의 덫

(Competency Trap)'에 빠지지 않도록 주의해야 한다.

컴퓨터가 아무리 사양과 성능이 좋아도 하드웨어를 제어하고, 응용 소프트웨어의 기반을 제공하는 OS가 없으면 컴퓨터는 무용지물이다. OS는 하드웨어와 응용프로그램 간의 인터페이스 역할을 하면서 컴퓨터에 여러 가지 지원하는 자원을 관리한다. 만약 OS가 바이러스에 감염되면 제 기능을 수행하지 못한다. 그러면 바이러스를 빨리 제거하든지, 아니면 OS를 완전히 지워버리고 새로 설치해야 한다. 능숙함의 덫에 빠지는 것은 습관의 바이러스가 전이된 것이다. 고정된 생각의 덫을 제거하든지, 시스템을 완전히 바꾸든지 해야 한다.

인간은 현재 상태를 유지하려는 강한 본능을 갖고 있다. 외부의 물리적인 충격이 없으면 의도적인 변화를 수용하지 않으려고 한다. 뉴턴의 운동 제1법칙인 '관성의 법칙'은 자연계의 사물에만 적용되는 것이 아니다. 한 번에 모두 바꾸려고 오버 페이스하면 쉽게 지치고 포기하게 된다. 작은 힘으로 큰일을 할 수 있는 나만의 지렛대를 갖고 있어야 한다.

세상의 모든 어려운 일도 누군가는 쉬운 일부터 시작하여 결국 해냈다. 누구에게는 감당하기 힘든 큰일도 누군가는 작은 힘으로 큰일을 할 수 있었다.

노자는 《도덕경》에서 "세상의 어려운 일은 모두 쉬운 일에서 비롯되고, 세상의 큰일은 반드시 작은 일에서 시작된다."라고 강조했다. 어려운 일을 해내려면 쉽게 시작하고, 큰일을 이루고 싶다면 작게 시작해야 한다. 작은 것부터 쉽게 시작한다면 못 할 것도 없다.

엄홍길 대장은 상명대에서 강의하면서 매주 토요일에 학생들과 북한 산에 올랐다. 엄홍길 대장이 땀을 흘리며 북한산에 오르자 한 학생이 이 상하다는 듯이 질문했다.

"교수님도 산에 오르는 게 힘드세요?"

질문한 학생은 엄홍길 대장이 세계 최초로 에베레스트를 비롯해 8,000m 이상 16좌를 등정한 산악인이니까 837m의 북한산쯤은 '식은 죽 먹기'일 거라고 생각했을 것이다. 물론, 타고난 폐활량에다 훈련된 몸이어서 일반인처럼 힘이 들지는 않겠지만, 엄홍길 대장이라고 축지 법을 써서 산에 올라가는 건 아니다.

누구든 산 정상에 오르려면 한 발 한 발 땅을 밟고 올라가야 한다. 한 발을 내디딜 때마다 무게를 감당하는 압력은 똑같다. 다만, 몸으로 지탱 하며 버티어내는 힘이 다를 뿐이다. 자신이 감당할 수 있는 능력의 범위 가 넓은 사람이 있고, 좁은 사람이 있을 뿐이다.

중국 속담에 '가장 힘든 길을 가려면 한 번에 한 발씩(One thing, just one thing) 내디디면 된다.'라는 말이 있다. 이처럼 원하는 목적지에 닿 으려면 계속해서 한 발 한 발 움직여야 한다. 아무리 세계기록을 가지고 있는 산악인이어도 한 번에 한 걸음씩 갈 뿐이다. 아무리 산을 잘 올라 가도 한 번에 열 걸음씩 갈 수는 없다. 정상 정복은 등반을 위하여 땀 흘 린 자만 누릴 수 있다.

혁신은 중요하지만, 혁신이 무조건 좋다는 고정관념에 빠져서는 안 된다. 좋은 점은 개발하고, 모자란 것은 보완하고, 부족한 것은 채워야 한다. 어떤 기업은 1년 내내 혁신만 외치다가 끝나는 기업도 있다. 그래서 회의를 많이 하는 회사는 말은 풍성한데 실행 의지가 없어서 1년 내내 같은 말만 되풀이한다.

일할 때 가장 방해가 되는 것은 여러 트랙(Track)이 존재한다는 것이다. 선택에 어려움이 있을 뿐만 아니라, 결정하려고 하면 결정을 가로막는 여러 트랙이 존재하여 집중을 방해한다.

우리의 뇌는 자신의 믿음을 정당화하는 수많은 스토리를 만들어내기 시작한다. 뇌는 한순간에 얻은 데이터보다 오래전부터 가지고 있는 고정관념을 더 신뢰하고 거꾸로 사실을 왜곡까지 한다.

그래서 아웃사이트(Outsight)를 확대해야 한다. 가보지 않은 길에서 만나는 전문가들과 소통하고, 혁신을 이끌어가는 다양한 그룹과 외연을 넓혀가지 않으면 익숙한 늪에 빠질 수밖에 없다.

'근본적으로 변하지 않으면 천천히 망한다(Deep change or slow death).'라는 말이 있다. 가장 안 좋은 모델이 '천천히 망하는 것'이다. 다시 생각하고 시도할 수 있는 시간을 빼앗아 버리기 때문이다. 근본적으로 한 번에 바꾸어야 한다. 그렇지 않으면 변화를 거부하는 유혹의 함정에서 빠져나오기 어렵다.

최고의 공격이 최선의 수비다

위기는 항상 기회와 함께 찾아온다. 위기(危機)란 단어는 위험(危險)과 기회(機會)의 합성어다. 위기가 주는 메시지는 위험 속에 기회가 있으니 물러서지 말고 적극적으로 기회를 찾으라는 것이다. 위기는 우리를 성장시키고, 무엇보다도 나를 정확하게 보게 하는 바로미터다.

1997년 IMF 외환위기 때 30대 기업 중 11개 기업이 도산했다. 그러나 외부적인 충격으로 경직된 노동시장을 개선하고, 경제 체질을 완전히 바꾸는 계기가 되었다. 자본시장을 개방하여 유연하게 기업의 구조를 재편하는 글로벌 시장경제에 눈을 뜨게 된 전환점이 되었다.

2007년 세계금융 위기는 대공황에 버금가는 혼란을 초래했다. 서브프라임 모지기 사태는 초대형 모지기론 대부업체들이 파산하면서 미국뿐만 아니라 국제금융시장에 신용경색을 불러왔다. 그러나 기업들의 무분별한 대출과 투자, 금융시장의 왜곡된 흐름이 개선되는 기회가 되었다.

실제로 이런 위기를 기회로 산업구조가 바뀌고, 체질을 강화한 기업들이 오늘날 글로벌 시장을 주도하고 있다.

미국의 하버드대학에서 전 세계 수많은 경영학도들에게 즐겨 학습되는 '고마쓰(Komatsu) 사례연구'가 있다.

1960년대 일본은 미국과 유럽연합으로부터 자동차 시장을 개방하라는 엄청난 압력을 받았다. 자동차 생산국이라면 자본집약적 산업을 보호하고 육성하는 것은 당연하다. 일본 정부는 자동차 시장 개방을 늦추는 대신 건설장비 시장을 먼저 개방하기로 했다. 당시 전 세계적으로 건설장비는 미국의 캐터필러(Caterpillar)가 장악하고 있었고, 고마쓰는 일본의 조그마한 건설장비 회사에 불과했다.

예상치 못한 시장 개방으로 내수시장의 기반마저 흔들리게 된 고마쓰는 자생력과 국제 경쟁력을 갖추기 위해 다각적인 노력을 하게 되었다. 기술이 우수한 외국 전문 건설장비업체들과 전략적 제휴를 맺고, 기술개발에 공동 투자했으며, 임직원을 해외로 보내 글로벌 시각에서 생산기술과 선진 운영 기법을 학습하도록 했다. 벼랑에 몰린 고마쓰는 사장에서부터 생산근로자까지 최고 품질을 달성하자는 전사적 품질개선에 주력했고, 프로그램화에 대한 절박함이 원가절감으로 이어졌다.

이러한 경쟁력으로 캐터필러로부터 일본 시장 공략을 성공적으로 방어하게 된 것은 물론, 더 나아가 글로벌 네트워크를 통해 세계 시장의 50% 이상을 고마쓰가 석권했다.

반면, 일본의 자국 기업 보호를 위해 의도적으로 시장 개방을 늦추어 왔던 자동차산업은 오히려 의존성을 탈피하지 못하고 기업 스스로 핵심 역량을 상실하여 경쟁력 확보에 실패했다. 결과적으로 11개의 유수한 자동차 기업 중 2개 회사(도요타, 혼다)를 제외한 대부분이 유럽이나 미국에 흡수·합병되거나 지분매각 등을 통하여 외국기업으로 넘어갔다.

집을 지키고 있는 사람보다 밖으로 돌아다니는 사람이 감기도 안 걸리고 건강한 것처럼, 시장을 개방하여 받아들이는 것이 시장을 지키는 것보다 경쟁력을 확보할 수 있다는 교훈을 얻는다. 내 것을 지키는데 많은 시간을 쏟아부으면 '많은 오류'를 만들어낼 뿐이다. 그러면 본질로부터 멀어지고 더욱 어려운 상황을 맞이하는 악순환이 발생한다.

이기기 위한 경기에서 골문만 지키면 이길 확률은 제로이고 질 확률도 거의 100%다. 지기 위해서 경기하는 팀이 없을 뿐만 아니라, 이런 게임은 애초부터 할 필요가 없다. 최고의 공격이 최선의 수비다.

모두가 정답이 없다고 할 때 정답을 찾아내고, 두렵지만 행동으로 옮기는 실천가가 있었기에 우리는 문명의 혜택을 누리며 살고 있다. 아무런 도전을 하지 않는다면 큰 실패도 하지 않을 것이라 생각하겠지만, 절대로 아니다. 도전하지 않는 인생이 가장 불쌍하고 가장 큰 실패다. 성공한 사람은 남이 '하지 않는 일'을 해야 한다고 믿는다. 그리고 남이 '가지 않는 길'을 가야 한다는 것을 알고 있다.

여러분도 남들이 '생각하지 않는 일'을 해보고 싶은 열망을 가지길 바란다. 열망을 가지고 도전하는 용기가 있으면 의외의 길이 만들어질 것이다.

1993년 독일 프랑크푸르트에서 삼성 이건희 회장은 '신경영 선언'을 했다. 삼성의 체질을 대대적으로 혁신해 글로벌 회사로 올라서게 한 계기가 되었다.

이건희 회장은 1993년 LA 시내 가전 매장을 둘러보았다. 매장 중심부에는 소니, 파나소닉, 샤프, GE, 필립스 등의 제품이 전시되어 있었지만, 삼성 가전은 보이지도 않는 한쪽 구석에 먼지를 뒤집어쓰고 있어 겨우 찾을 정도였다.

뒤이어 '세탁기 사건'이 일어났다. 세탁기 뚜껑 부품이 맞지 않아 직원들이 칼로 깎아내는 현장이 한 방송사의 내부고발 몰래카메라에 포착되었다. 부품결함에도 불구하고 그 부품을 적당히 끼워 맞추는 것을 당연시하는 생산 현장 직원들의 모습을 보고 이 회장은 충격을 받았다. 당시 국내 1등에 만족하던 삼성의 현실을 목도한 이 회장은 이대로 가면 삼성이 망할 수도 있겠다는 위기를 느꼈다. 임직원 200여 명에게 긴급 비상 소집령이 내려졌다.

"바꾸려면 철저히 다 바꿔야 한다. 극단적으로 말해 마누라와 자식만 빼고 다 바꿔라."

프랑크푸르트 선언 이후 삼성이 처음 시도한 것은 라인스톱제도였다. 생산 현장에 불량이 발생할 때는 모든 공정을 멈추고, 불량요인을 제거한 뒤 공장을 재가동하는 시스템을 정착시켰다. 삼성 제품에 대한 부끄러움과 분노는 1등이 되겠다는 집념으로 이어졌고, 이는 30년간 삼성전자가 끊임없이 혁신하는 원동력이 되었다.

추수감사절 다음 날인 금요일 블랙프라이데이에 핫딜의 품목들은 조기 품절된다. 핫딜 헌터들은 밤샘을 하면서 기다리다가 문이 열리면 뛰어 들어간다. 이때 가장 먼저 가져나오는 것이 삼성·LG전자의 TV와 냉장고이다. 나는 이 광경을 보고 눈물이 핑 돌고 가슴이 울컥했다. TV 인터뷰에서 한국 TV를 안고 "행운을 잡았다!" 하면서 활짝 웃는 미국인의 모습을 보고 짠한 감동이 밀려왔다.

미국에서도 직원들이 한국 전자제품을 사고 자랑하던 모습이 눈에 선하다. 중동사람과 회의할 때가 있었는데, 맨 먼저 삼성 TV를 잘 보고 있다고 인사를 건넸다. "중동에서는 부호들이 거의 한국 대형 TV와 냉장고를 사용한다."고 이야기했다. 가슴이 뭉클함을 느꼈다.

신경영 선언 이후 삼성은 글로벌 회사로 가는 이정표를 세웠다. 이듬해 애니콜 브랜드 휴대전화를 처음 선보였고, 세계 최초로 256메가 D램 개발에 성공한 데 이어 1996년 1기가 D램을 내놓으며 오늘날 세계 반도체·스마트폰 선두기업으로 자리매김했다.

2005년에는 가전산업의 1등 기업 소니를 제치고 세계에서 가장 우수한 전자제품 브랜드가 되었다. 2007년에는 갤럭시 시리즈로 모토로라를 제치고 세계 2위의 휴대폰 제조회사로 발돋움했다. 이로 인해 삼성전자는 독일의 지멘스와 미국의 휴렛팩커드와 더불어 전자제품 부문에서 TOP3 회사 중 하나가 되었다.

2021년 인터브랜드의 기업 브랜드 가치 평가순위, 글로벌 베스트 브랜드에서 애플, 아마존, MS, 구글에 이어 삼성이 세계 5위를 차지했다. 그 뒤에 코카콜라, 도요타, 벤츠 등이 줄을 서 있다. 아시아에서는 TOP5가 유일할 뿐만 아니라, 미국 외의 국가에서도 유일하다.

2021년 4분기 실적발표를 하였는데, LG전자가 전 세계 가전 시장에서 월풀을 제치고 2021년도 1위 매출을 달성했다. 어려운 환경을 극복하고 사상 첫 매출 1위를 한 쾌거는 한국의 위상을 말해준다.

미국 친구들이 한국 전자제품이 최고라며 엄지 척을 할 때 눈물이 핑 돌고, 가슴이 뭉클했던 감동을 잊을 수 없다. 미국 타임스퀘어에서 삼성전자 광고를 보는데 가슴이 찡하여, 외국에 오면 다 애국자가 된다는 말을 실감했다. 한국의 위상을 높이는 최고의 애국자는 기업가들이다. 삼성, 현대, LG가 아니면 국위 선양이 이 정도 되었겠는가? 그리고 변방의 작은 나라를 누가 기억하겠는가?

과거의 성공 전략이
혁신의 걸림돌이 될 수 있다

노키아는 1998년 모토로라를 제치고 세계 1위에 올랐다. 2011년까지 14년간 세계 정상을 지켰다. 한때 시장점유율 41.1%를 기록했다. 경영학에서는 노키아를 '기업성공사례'로 삼아 수많은 논문이 발표되고 연구되기도 했다. 하지만 지금은 시대를 읽지 못하고, 전략적 판단 실수로 시장에서 도태된 '기업실패사례'로 학습되고 연구되고 있다.

노키아는 연구할 대상이 많은 기업이다. 핀란드 국내총생산(GDP) 25%를 담당했던 휴대폰 세계 1위 기업이 왜 무너진 것일까? 그 이유는 시장의 패러다임을 따라가지 못하고 과거 성공에 취해 잘못된 전략을 선택했기 때문이다.

2007년 애플의 아이폰으로 대표되는 스마트폰이 시장에서 인기를 얻기 시작했지만, 노키아는 고가제품은 소비자가 외면하여 사장될 것이라 판단하고 피처폰에 집중했다. 그사이 스마트폰이 시장의 판도를 단숨에 잠식하고 바꾸어 버렸다. 이를 계기로 기업에서 '타이밍'의 중요성이 부각되기 시작했다.

노키아는 그 후에도 몇 번의 기회가 있었지만, 판단은 예상과 달리 항상 빗나갔다. 노키아는 구글의 안드로이드 운영체제(OS)를 처음부터 채택하지 못하고, 시행착오 끝에 OS의 중요성을 깨달았다. 자체 개발한 심비안 OS도 버리며 MS의 윈도폰을 채택하는 큰 실수를 범했다. 그러면서 완전히 시장에서 외면당하고 말았다. 매번 잘못된 시장분석 및 전략적 판단으로 인해 결국 모바일 사업을 MS에 매각하며 시장에서 종적을 감추게 되었다.

역사는 혁명(Revolution)이 아니라 진화(Evolution)를 통해 발전한다. 리더가 위기의 징후에 눈을 감는 순간 진짜 위기가 시작된다.

국내 LG전자도 1995년부터 2021년까지 26년간 이어져 오던 휴대폰 사업에서 철수했다.

2005년 역작으로 불린 초콜릿폰으로 세계 시장에서 주목을 받기도 했다. 그 후 명품 브랜드 프라다폰을 출시하며 전성기를 누리는 듯했다. 그런데 2007년 애플의 아이폰 출시로 스마트폰이 시장에서 주목을 받을 때, 노키아처럼 피처폰 전략을 고수했다. 당시 글로벌 컨설팅회사 맥킨지는 보고서에서 "스마트폰은 찻잔 속의 태풍"이라는 평가를 내놓았는데, LG는 맥킨지의 평가를 그대로 수용하여 전략을 수립했다. 맥킨지는 컨설팅회사지 휴대폰 판매 회사가 아니다. 사내 연구소도 버젓이 있는데, 비전문가에게 회사의 운명을 맡길 수 있는 것은 아니다. 휴대폰 시장을 가장 잘 아는 사람은 휴대폰을 만드는 사람이어야 한다. 변화의 흐름을 읽지 못하면, 추락하는 것은 날개가 없는 것처럼 하루아침에 직진 낙하한다.

LG는 신규 피처폰 출시로 인해 막대한 손실을 내었고, 2010년에 뒤늦게 옵티머스로 스마트폰에 사활을 걸었다. 그러나 이미 애플과 삼성이 시장을 점유한 상태에서 막대한 돈을 투자해 신제품을 런칭하면 할수록 영업이익을 내지 못했다. 결국 누적적자 5조 원을 기록하며 시장에서 철수했다.

모토로라와 노키아 그리고 LG가 똑같은 길을 걸었다는 사실은 참으로 아이러니하다. 옛날의 영광이 미래로 나아가는데 디딤돌이 되지 못하고 걸림돌이 될 수 있다는 교훈을 얻게 한다.

똑같은 주춧돌이 있으면 어떤 이는 디딤돌로, 어떤 이는 걸림돌로 이용한다. 정답을 찾아가는 방식이 문제에 매이느냐, 아니면 문제를 해결해가는 방식에서 정답을 찾느냐의 차이다. 정답이 없는 문제는 없다. 다만 어려울 뿐이다.

모토로라가 단말기 RAZR V3의 성공에 취해 후속 연구개발(R&D)을 등한시하고, 신제품 출시에 소극적인 전략으로 1998년 노키아에게

1위를 물려줬듯이, 14년 뒤 노키아도 똑같은 실수를 반복하면서 역사의 뒤안길로 사라졌다. 실패를 계속 학습하고 공부하는데도 같은 실수가 반복된다. '역사는 반복된다(History repeats itself).'는 것을 증명하듯이 비슷한 길을 걷는다는 것이 때론 이해가 안 된다. 그러나 인간의 본성에 대답하는 것은 동일하다. '우리는 그들과 상황이 다르다.'라는 생각이 결국에는 같은 길임을 증명하게 된 셈이다.

과거의 성공 전략이 혁신에 장애가 될 수 있다는 것을 배우게 된다. 성공에 취해 조직이 비대해져 관료화가 되면 절박함을 잊어버리고, 안주하는 순간 위기가 도둑처럼 찾아온다는 것을 일깨워 주고 있다. 창조적이고 생산적인 일을 가장 방해하는 것이 고정관념의 프레임에 갇히는 것이다.

'흉보면서 따라 한다.'는 속담처럼, 부모님의 과거 전철(前轍)을 그대로 따라가고 있는 것을 보고 깜짝 놀랄 때가 있다. 어찌 보면 몰라서 못하는 경우는 거의 없다. 미래전략과 전문가의 분석, 대책과 처방도 널려 있다. 문제는 결국 실행할 의지다. 이전의 성공이 가져온 자만심이 변화에 대한 실행 의지를 약화시킨다. 이전의 성공이 크면 클수록 아킬레스건이 될 수 있음을 명심해야 한다.

사람은 어찌 보면 참으로 미련하다. 실패하면서도 그 길을 계속해서 가고 있다는 것이 때로는 미스터리다. 이미 길들어진 습관의 유혹에서 벗어나는 것은 그만큼 어렵다.

그 길 외에는 길이 없다고 생각하는 사람은 '다니는 것'으로 만족한다. 그러나 그 길이 주는 '혜택을 생각'하는 사람은 사업가다. 우리는 없는 길을 어떻게 만들어서라도 갈까를 고민하는 글로벌 리더가 되어야한다.

절박함과 간절함이 없으면 무늬만 도전이다. 끊임없이 답을 찾고, 기존에 없던 길을 만들어서 가는 모험이 없으면 결코 1등 기업이 될 수 없다.

PART 7   혁신하지 않으면
과거의 사람이 된다

포기도 최선의 전략이 될 수 있다

미국의 패스트푸드 프랜차이즈 '인앤아웃버거'는 다른 프랜차이즈에 비해 가성비가 좋아 자주 이용했다. 매장에는 냉동고가 없다. 냉동 고기와 감자를 쓰지 않고 생감자를 튀기기 때문에 조리 시간이 좀 걸린다. 중요한 것은 메뉴가 단 4개뿐이라는 것이다. 음료수 컵도 한 종류로 크기가 동일하다.

반면에 경쟁업체 맥도널드는 14개의 메뉴가 있다. 어떨 때는 선택하는 즐거움보다 스트레스가 되기도 한다. 인앤아웃버거는 단순화된 메뉴와 점포관리로 점포당 수익이 맥도널드보다 30% 정도 높다.

예전에는 가짓수가 많은 뷔페를 많이 찾았다. 하지만 지금은 제대로 먹을 것 몇 가지만 나오는 전문식당이 인기가 높다. 당연히 가격도 비싸다. 메뉴가 많은 집은 여러 요리를 전문화하기가 불가능하다.

주택도 기본 옵션이 다양하게 많았던 적이 있었다. 입주자 취향을 만족시키기 위해 내부 옵션을 제공하는 메뉴가 50개 정도 있었다. 자연히 건축비용도 30% 증가했다. 건설사는 건축자재의 재고 문제로 비용의 블랙홀에 빠졌다.

자동차도 한때 다양한 옵션을 생산한 적이 있었다. 옵션이 많아서 상담하는 데 시간을 다 보냈다. 여러 모델 출시에 따른 추가적인 이익보다 관리비용이 많아 경영 악화를 가져오는 원인이 되었다.

생각을 많이 하는 리더들의 사무실에 가보면 텅 빈 공간에 책상 위에는 놓인 것이 거의 없다. 상상하는 사람들은 동일한 사물이 자꾸 눈에 들어오면 거기에 시선이 머물게 되고, 사고의 프레임에 갇히게 된다는 것을 안다. 작가들이 한적한 공간에서 작품활동을 하는 것도, 경영자들이 신년 계획을 위해 따로 생각의 시간을 가지는 것도 단순함에서 구상하려고 하는 계획된 시도다.

성공한 기업 CEO는 회사가 나아갈 방향을 정확하게 알고, 모든 구성원을 한 방향으로 집중하게 한다. 회사의 장단점을 파악하여 단점이 드러나는 부분은 신속히 정리하고, 장점을 최대한 끌어올려 집중 발전시키는 리더가 훌륭한 CEO다.

CEO가 하는 일 중 중요한 과제는 '되는 일'과 '안 되는 일'을 판단하고 현명하게 결정하는 것이다. 미련을 두어서도 안 되고, 타이밍을 놓치는 우를 범해서도 안 된다. 사업에서 2개 다 중요하다는 것은 2개 모두 포기하겠다는 것과 같다. 2개 중에 더 경쟁력이 있는 하나를 집중하여 브랜드화해야 글로벌 시장에서 살아남을 수 있다. 2개 중 하나를 포기하고, 하나를 선택하는 단순함에서 회사의 핵심사업이 만들어진다.

좋은 일이라고 해서 무조건 열심을 낸다면 미련한 짓이다. 더 좋은 것이 나타나기 마련이다. 더 좋은 것이 무엇인지 생각하고 선택해야 한다. 좋은 것에 열정을 다 쏟아부어 더는 아무것도 할 수 없을 때 최선이 아니라 차선을 선택하게 된다. 포기도 최선의 전략이 될 수 있다.

경쟁력이 없는 아이템에 미련이 남아서 붙들고 있으면, 경쟁력이 있는 것을 살릴 기회마저 놓치게 된다. 마치 병원의 의사가 소생 가능성이 없는 환자에 매달려서 살 수 있는 환자를 죽음에 이르게 하는 것과 같다.

포기의 원리에서 단순함이 완성된다. 비워야만 채움이 가능해지듯이 비움도 포기에서 완성된다.

세상에 실패란 존재하지 않는다. 다만 포기만 있을 뿐이다. 만약 실패가 존재한다면 내 마음에 존재한다. 다시 한번 일어설 기회를 얻느냐, 잃느냐의 차이다. 여러 번 실패했더라도 포기하지 않고 다시 일어선다면, 그것은 실패가 아니라 성공을 위한 리허설이다. 1%의 완성을 위한 99%가 존재하는 것과 같다. 큰 성공은 한 번도 실패하지 않는 것이 아니라 실패할 때마다 다시 일어서는 것이다.

나는 회사 프로젝트를 수행할 때 직원들에게 "우리가 몇 번까지 실패하면 포기할까?"라고 묻는다. 우리가 감당할 수 있는 '능력'과 '인내'를 말하는 것이다. 누구에게 물어도 난감한 것은 마찬가지다. 질문이 어렵지만 대답할 수 있는 사람이 드문 것은 '그 일을 기꺼이 해내는 사람'은 성공과 비례하기 때문이다. 그렇다고 실패를 많이 하면 좋다는 말은 아니다. 안 되는 일을 계속 시도하라는 말은 더더욱 아니다.

파도는 선물이다

내가 살았던 샌프란시스코 남부의 산타 크루즈(Santa Cruz)는 서핑 애호가들에게 유명한 곳이다. 초보자에게는 파도가 잔잔한 물가가 좋지만, 프로들에게는 거친 파도가 오기를 기다리는 것만큼 신나는 것은 없다.

나는 왕초보라 30분 동안 강사로부터 안전수칙과 보드에서 어떤 동작을 해야 중심을 잡고 앞으로 나아갈 수 있는지를 배웠다. 개인적으로 자세도 고쳐 주지만, 이론이 실전에 적용되려면 많은 시간이 필요하다. 파도가 한번 휩쓸고 지나가면 사람은 물속으로, 보드는 물 위로 둥둥 뜨는 상황이 공식처럼 정해져 있다.

처음에는 보드를 잡고 엎쳐서 푸른 하늘과 에메랄드빛이 맞닿은 자연을 누리는 것으로 만족했다. 물과 친해지는 시간을 갖는다는 명분으로 드러누워 있으면 파도가 와서 영락없이 뒤집어 버린다. 체력소모가 많아 시간마다 나와서 간식을 먹었다. 몇 번 하다 보니 어설프게 시늉만 내는데도 갈수록 묘한 재미가 있었다. 몸을 유연하게 움직이면서 중심을 잡는 것이 어려웠다. 더 어려운 것은 중심을 잡고 앞으로 나아가는 것이다. 파도에 몸을 싣고 나가지 못하면 가라앉는다.

우리 개인도 기업도 앞으로 나아가는 성장이 없으면 도태되는 원리와 같다. 운동에서 '최선의 방어는 공격이다.'라는 말을 한다. 우리의 인생은 도전에서 자유로울 수 없도록 만들어졌다. '도전의 목표가 큰 것인가, 작은 것인가?' 그 차이가 있을 뿐, 끊임없이 마주하는 파도는 같다.

'나는 어떻게 살 것이다.'라고 생각하며 산 것은 아니다. 크고 작은 파도에 매몰되지 않으려고 안간힘을 쓰면서 살아냈던 것뿐이다. 돌아보니 남들과 별반 다를 것 없고, 보람과 아쉬움이 겹치기 마련인 지난날이다. 그럼에도 불구하고 큰 파도를 피하지 않고 마주한 것이 더 큰 곳을 향하게 하고, 더 넓은 시야를 열어주었다.

변화를 받아들이고 충분히 감내할 수 있도록 내성을 키우기 위해서 배워야 할 필수과목이 너무 많다. 내가 풀 수 없는 문제에 매달려 해결하려고 하지 않고, 새로운 기회를 찾는 것이 더 효율적일 때가 있다.

파도를 넘기 위해서는 파도 타는 것에서 시작하는 것처럼, 자신을 따라다니는 당면한 과제를 극복하는 법부터 배워야 한다. 파도를 보지 않고 바람을 보면 감당할 수 있는 문제인지 아닌지가 보인다. 문제에 집중하다 보면 결국 안 되는 일에 집착하게 되고, 파도 너머에 있는 것을 놓치면서 방향을 잃게 된다.

　우리는 보이는 것으로 생각하고 판단하여 결정하는 습관에 익숙하다. 그래서 보이지 않는 것에 대한 소중함을 지나치는 경우가 있다.

　돈은 사물의 가치를 재는데 가장 보편적인 척도지만, 때로는 어떤 재화의 금전적 가치는 그 재화의 경제적 가치를 제대로 나타내지 못할 때가 있다.

　'공기와 물'은 우리가 살아가는 데 없어서는 안 되는 필수재다. 그러나 값은 싸다. 반대로 다이아몬드는 우리가 살아가는 데 없어도 되지만 값은 무척 비싸다. 물의 경우처럼 어떤 재화의 경제적 가치는 시장에서 형성된 금전적 가치보다 훨씬 크다. 공기도 마찬가지다. 한순간도 없으면 살아갈 수 없는 필수불가결한 가치재다. 이런 차이를 '소비자 잉여(Consumer's surplus)'라고 부른다. 소비자 잉여는 어떤 상품에 대해 소비자가 최대한 지불해도 좋다고 생각하는 가격(수요가격)에서 실제로 지불하는 가격(시장가격)을 뺀 차액을 말한다.

　예를 들어 '공기'를 돈을 주고 사야 한다면, 경제적 가치에 비례해서 시장가치가 결정될 것이다. 현실은 공기가 너무나 소중한데도, 경제적 가치로 평가되지 않는 것은 너무나 쉽게 얻을 수 있기 때문이다. 즉 희소성의 가치가 없기 때문이다. 우리가 지불하든, 지불하지 않든 소비자 잉여는 100%로 남아 있다. 그렇다고 줄어들거나 없어지지 않는다. 이것은 '자원의 선물'이라고 할 수 있다. 이 선물은 누구에게나 공평하게 주는 것이지만, 파도의 선물은 파도를 넘는 사람에게만 주어지는 '선택된 자의 잉여'이다.

원래 선물이란 기대하지 않았는데 뜻밖에 주어지는 것이다. 그렇다고 돌려받을 것을 기대하지 않는다. 돌려받을 것을 기대하면 선물이 아니라 뇌물이다. 그저 주어지는 것이 희소성의 가치가 있든 없든 우리가 살아가는 데 없어서는 안 되는 것이면 경제적 가치요 시장가치다.

파도를 넘는 사람에게 주어지는 선물은 돌려받을 일이 없다. 기회 자체가 선물일 뿐만 아니라, 자기에게 주어지기 때문이고, 다음은 주위 사람들에게 선물로 돌아가기 때문이다.

파도는 바람의 영향을 가장 많이 받는다. 파도를 보기 전에 파도 너머에 있는 바람을 볼 줄 알아야 한다. 우리 눈에 보이는 파도가 두려운 것이 아니라 바람이 두려운 것이다. 파도는 현상으로 나타날 뿐이지만, 바람은 부는 방향뿐만 아니라 크기와 높이를 결정한다.

바람을 타고 오는 파도는 일정한 주기로 위기와 기회를 동시에 제공한다. 썰물이 있으면 반드시 밀물 때가 온다. 오르막길이 있으면 내리막길이 있는 것과 같다. 밀물 때가 오면 배를 띄우고 노를 저을 수 있다. 파도는 배를 뒤엎기도 하지만, 내가 가고자 하는 목적지까지 데려다준다.

파도를 겁내지 않으면 파도를 타고 더 빨리, 더 멀리 내가 원하는 곳으로 갈 수 있다. 목적지에 도달하는 방법은 파도를 두려워하지 않고, 파도 타는 법을 배우고, 용감하게 파도타기에 도전하는 것이다.

과제지향적 리더십과
관계지향적 리더십

지금은 리더의 시대라 할 만큼 리더의 핵심 역할을 요구하는 다양한 분야가 있다. 최근에는 중앙집권적 리더십이 미디어의 발달로 약화되고, 따뜻한 리더십, 섬기는 리더십, 수평적 리더십 등이 자리 잡아가고 있다. 구성원을 배려하는 관계지향적 리더십은 리더가 팔로워를 따라오게 하는 안정된 분위기로 이끌어가는 유형이다.

'따라오라'는 리더가 아니라 '따라오게' 하는 리더는 무엇이 다를까?

❶ 기분이 태도가 되지 않게 한다.

리더는 안에서 보나 밖에서 보나 그 모습이 늘 한결같아야 한다. 기분에 따라 '그때그때 다르게' 보이는 리더는 오리무중이다. 똑같은 잘못을 했을 때, 어떤 경우에는 불같이 화를 내고, 또 어떤 경우에는 인자한 미소를 지으며 '사람이 실수할 수도 있지!' 하며 넘어가는 리더는 일관성이 없다.

예측 불가능한 리더가 오너의 자리에 앉아 있으면 항상 바쁜 사람이 있다. 바로 비서다. 직원들은 오너에게 보고하러 가기 전에 비서에게 먼저 묻는다.

"지금 대표님 기분이 어때? 지금 보고할까, 나중에 보고할까?"

그때그때 다른 오너의 심기를 살피느라 비서의 눈치만 늘어나게 된다. 기분에 따라 좋았다, 나빴다 하는 것은 금물이다. 기분이 태도가 되지 않게 해야 한다.

❷ 진정성이 있어야 한다.

말과 행동이 일치하는 리더는 진정성이 있다. 어려운 요구일 수 있지만, 리더가 진정성이 있어야 팔로워가 따른다. 리더는 책임감으로부터 자유로울 수 없다.

오너가 조회 때마다 "여러분이 회사의 주인"이라고 강조하면서, 마음속으로는 '너희들이 하는 게 뭐가 있어!'라고 생각하고 행동하는 회사는 비전이 없다. 회사에 대한 신뢰는 거래비용을 줄임으로써 경제의 효율성을 높여주는 경제적 자산이다. 오너가 말과 행동이 일치하지 않으면 무슨 말을 할 때마다 직원들은 그 말을 액면 그대로 받아들이지 못하고, 어디까지 믿어야 하는지 진위 여부를 자기들끼리 삼삼오오 모여 해석하기 바쁘다. 이것은 '불필요한 커뮤니케이션 비용'이다.

❸ 자신의 믿음이 선택받도록 한다.

성형외과 의사는 보톡스 시술을 설명하면서 "이거 한 방이면 10년은 젊어진다."라고 한다. 부작용에 대한 설명은 전혀 안 한다. 강한 믿음이 따르도록 인지부조화를 이용해 환자들의 심리를 자극한다. 여자들이 사랑받고 있음을 알면서도 직접 확인하고 싶어서 "자기야, 나 사랑해?"라고 묻는 것이나 마찬가지다.

우리는 백화점에서 물건을 고르고 값을 치렀을 때 자신이 듣고 싶은 말이 나오길 기대한다.

"안목이 좋으시네요."

"부럽네요."

"나도 갖고 싶어요."

"좋으시겠어요."

이것은 마케팅의 핵심(구매 촉진 전략)과 같다. '나는 갖고 싶다', '나는 사고 싶다', '나는 원한다' 이것이 고객의 구매심리 3요소이다.

따라오게 하는 리더는 자신의 믿음이 선택받도록 한다.

좋은 리더가 되려면 전반적인 업무에 대한 총찰(總察)과 처리 능력이 탁월해야 한다. 구성원들의 능력을 극대화하는 통합의 리더십이 있어야만 모두가 인정하는 리더로 우뚝 설 수 있다.

리더는 많은데 위대한 리더가 없다고 한다. 잘하기 위해서 그냥 열심히 해서는 좋은 리더, 위대한 리더가 될 수 없다. 시간에 비례해서 가장 효율적인 방법이 무엇인지 끊임없이 혁신을 찾아가는 과정이 반복되면서 진정한 리더가 세워지는 것이다.

세상일은 확실한 것도, 확정된 것도, 가능한 것도 없다. 다 불확실하다. 불확실한 것을 가능하게 만드는 과정을 즐기면서 목표를 향해 나아가는 것을 우리는 '도전'이라고 한다. 도전하면서 사람을 리드하는 것만큼 어려운 일은 없다. 사람을 설득하고 관리하는 것은 생각보다 쉽지 않다. 많이 아는 척하면 상대가 할 말을 잃고, 너무 모르는 척하면 무능한 사람이 되기가 십상이다.

아는 척은 나중에 해도 늦지 않다. 아는 것으로 팔로워들을 설득하려고 하지 마라. 자신이 설득당했다고 생각하면 기분이 나쁘다. 아는 것을 보류하는 미덕이 상대를 공경한다는 인식을 갖게 한다.

고객을 대할 때도 마찬가지다. 고객은 많이 아는 척하는 세일즈맨을 싫어한다. 그보다는 고객의 말을 잘 들어주는 세일즈맨을 좋아한다. 고객은 자기가 인정받고 현명하다는 자존감을 느껴야 지갑을 연다. 고객이 자존감을 내려놓지 못하게 붙드는 것이 마케팅이다.

'당신이 여러모로 경험이 많으니 현명한 판단을 할 수 있을 것이다.'라는 느낌을 주어야 한다. 처음부터 정답을 제시하려고 하면 고객은 '처음부터 끝까지 끌려간다.'라고 생각한다. 자신의 의지가 없이 투자해 주는 기분이 들면 포기하고 만다. 자기 말만 하고, 질문도 받지 않고 끊어버리는 자동응답기가 되어서는 안 된다.

리더가 항상 사람들을 리드해야 하는 것은 아니다. 때로는 리드를 당하는 것도 리더의 자질이다. 리더의 자리는 자신이 가진 권리를 마음대로 행사할 수 있는 것이 아니다. 자신의 힘을 빼고, 권리를 내려놓을 때 유연한 사고로 일을 진행할 수 있다. 모르면 모른다고 솔직하게 말해야 한다. '내가 모르면 존재하지 않는 거다.'라는 생각을 하는 순간 실수를 저지른다.

저명한 미래학자 존 나이스비트는 《메가트렌드(Megatrend)》에서 상상(Fiction), 감성(Feeling), 여성성(Female)을 뜻하는 3F가 21세기를 주도할 키워드이자 기업 경쟁력의 화두라고 전망했다. 그의 예측처럼 여성의 특징인 섬세함과 부드러움, 유연한 사고와 소통, 화합 등 부드러운 카리스마가 중요한 가치로 대두되고 있다. 기술과 융합된 감성과 창조성, 상상력이 산업 전반에 영향력을 미친다.

리더는 혼자 존재할 수 없다. 아무도 따르는 사람(follower)이 없다면 리더가 될 수 없다. 따라서 리더는 시대의 흐름을 읽고, 의견을 조정하고 통합할 수 있는 부드럽고 유연한 리더십을 발휘해야 한다.

과거에는 하드웨어적인 목적지향적 리더가 주목을 받았지만, 점차 소프트웨어적 리더십으로 변하고 있다. 지금은 섬기는 리더십, 따뜻한 리더십, 수평적 리더십이 대세다. 관계지향적 리더십이 자리를 잡아가면서 여성 리더의 진출이 눈에 띈다.

반대로 과제지향적 리더는 구성원 중 일부가 불만이 있더라도 과제 수행을 위해 밀고 나가는 유형이다. 단순하거나 매우 복잡한 일은 과제 지향적으로 수행해야만 결과가 나올 때가 많다. 단순한 일에 매달려 토론하고 회의하는 데 시간을 다 쓰기보다는 그 시간에 일을 해서 끝내는 편이 낫다. 또한 복잡한 일은 토론해서 해결될 일이 아니다.

하나의 공동목표를 달성하기 위해 관계된 모든 사람이 의사결정에 참여하는 것을 '거버넌스(Governance)'라고 한다. 사전적 의미는 공동의 목표, 투명한 의사결정, 수평적이고 민주주의적 경영 등 좋은 단어로 가득하지만, 의사결정이 효율적이지 못할 때가 있다. 온종일 결론도 없는 회의만 하다가 타이밍을 놓칠 때가 많다.

삼성 이건희 회장은 거센 반대를 무릅쓰고 오너의 결단으로 반도체와 휴대폰 사업을 강행했다. 그 결과 오늘날 세계 1등 기업이 되었다.

글로벌 시장이 다원화되면서 몇 사람이 모여 결정하기 어려운 일이 많아졌다. 다양한 분야의 전문가들이 하나의 프로젝트에 집중할 수 있도록 여러 안건을 올려놓고 치열하게 의견을 조정하고 통합해 나가는 추세다. 여러 대안을 열린 마음으로 수용하는 다원적 리더가 구성원의 만족을 이끌어내고, 결과적으로 가장 합리적인 최선의 결정을 할 수 있다.

회의는 여러 사람의 지혜를 모아 최고의 선택을 찾아가려고 하는 것이다. 그러나 실제로 모든 구성원의 취향대로 일을 추진할 수는 없다.

모두가 참여하고 모두가 만족하는 프로젝트도 없다.

가장 바람직한 리더는 구성원의 인적자원을 파악하여 그들이 무엇을 하면 잘할 수 있는지, 무엇을 원하는지, 무엇에 가치를 두는지를 알고, 그에 일치하는 방향으로 의견을 모아 의사결정 과정을 진행한다.

사명감이 있는 리더는 구성원의 잠재력을 발견하고, 가능성의 씨앗이 열매 맺도록 돕는다. 자신이 하는 일도 감당하기 벅찬데, 다른 사람의 성공을 도우라고 하는 것은 치열한 경쟁사회에서 희생하라는 말로 들릴 수도 있다. 그러나 남을 돕고 성장할 때 자신도 함께 성장한다는 사실을 기억해야 한다.

섬기는 수평적 자세와 태도를 보고 구성원들은 무한 신뢰한다. 리더는 구성원들의 성장과 발전을 지지하고, 목표 달성에 스스로 기여하도록 도와야 한다.

AI 경제 시대를
이해하고 대비해야 한다

오늘날 정보통신기술(ICT) 분야의 화두는 인공지능(AI)이 빅데이터로 대용량의 데이터를 빠르게 처리하고, 다양한 분석을 통해 맞춤 기능을 빅데이터 플랫폼에 장착하는 것이다.

예전에는 문서의 기존 데이터베이스에 의존하여 연구자료를 일일이 찾고 비교 분석하여 논문을 완성했다. 지금은 첨단 기법을 동원한 빅데이터로 다양하게 많은 정보를 저장하고 신속하게 분석할 수 있다. 학문에서뿐만 아니라 다양한 영역에서 사람의 행동은 물론 위치정보와 SNS를 통해 생각과 의견까지 분석하고 예측한다.

미국의 시장조사기관 가트너는 '데이터는 미래의 경쟁력을 좌우하는 21세기의 원유'라며 '기업들은 다가오는 데이터 경제 시대를 이해하고 대비해야 한다.'라고 했다. 인공지능, 빅데이터의 미래 확장성이 넓은 가치를 공유하고, 경제에서 중요한 자원인 만큼 다양한 분야에서 활용해야 한다는 의미다.

잉글랜드 프리미어리그의 맨체스터 시티는 10명의 데이터 분석원이 상대편 선수들의 움직임, 개별 습성, 상황별 공격 패턴 등의 다양한 데이터를 수집한다. 수집한 데이터를 분석한 후 그 결과를 이용해서 경기에 출전할 최적의 선수와 상황별 포지션까지 선정해 준다. 데이터 분석(Date analysis)은 상황에 맞는 다양한 정보를 취합하여 의사결정에 도움이 될 수 있도록 신속하게 지원하는 데 쓰인다. 시뮬레이션을 통해 가상의 인물을 등장시켜 실제 상황처럼 수행하는 가상현실(VR)과 증강현실(AR)을 구현하여 결과를 예측한다.

요즘, 그동안 선망의 대상이었던 직업군들이 가장 먼저 구조조정 대상이 되었다.

어렵게 공부해서 전문자격을 취득한 판·검사, 변호사, 의사, 회계사, 변리사, 세무사 등 소위 '사' 자(字)가 최대의 위기를 맞고 있다. 법조인 친구들을 만나면 한숨 소리가 절로 나온다. AI 변호사가 탄생했기 때문이다. AI가 이용자들의 상담내용을 학습해 계약서를 만들고, 법조문을 인용해 이와 비슷한 판례를 찾아주고, 형량(刑量)까지 예측해 준다. 법률서비스 수임료도 저렴해서 계약 건수가 계속 늘어나고 있다.

현재 국내 변호사 수는 3만 명이 넘었다. 법률전문대학원(로스쿨) 제도 도입 후 매년 1,600명~1,700명의 변호사가 배출되고 있다. 변호사 선임 없이 '나 홀로 소송'도 민사소송 전체의 70%에 이르고, 형사공판도 1심에서 50%가 넘는다고 한다. 2019년 8월 법률 AI와 인간 변호사 대결에서 AI가 압승을 거두면서 법조인들의 입지가 좁아졌다.

우리는 지금 기존 질서를 바꾸는 어지간한 혁신적인 뉴스는 덤덤하게 넘길 정도로 내공이 생겼다. AI 관련 뉴스를 들으면 어떤 이는 "세상에 해먹을 게 없네."라고 하고, 또 어떤 이는 "세상에 해볼 만한 게 많네."라고 한다.

AI는 지금까지 등장한 수많은 기계와 기기들과는 근본적으로 다른 혁명적인 디바이스(Device)다. 우리 주변에도 인식하지 못할 뿐이지, 인공지능의 세계를 경험하는 것이 점차 늘어나고 있다.

감기몸살로 병원에 갈 때 의사 선생님이 "어디가 어떻게 아프세요?"라고 물으면, 느낌은 알겠는데 한마디로 설명하는 데 어려움을 느낀다. "결리고, 뻐근하고, 쑤신다."라는 말만 한다. 설명이 부족하다는 것을 안다. 느낌을 언어화하기에는 아직 내 몸의 변화가 체득되지 않아서 설명하기가 어려운 것이다. 더 많은 부연 설명을 할 때는 답답함을 느낀다. 그러면서 무언가 명쾌하지 않은 것을 몸으로 경험할 때 한계를 알게 된다. AI 시대는 우리에게 이런 모습으로 다가오고 있다.

넓은 바다에서는 1m도 안 되는 파도가 해안으로 오면서 거대한 해일이 되어 육지를 덮친다. 손바닥만 한 구름 한 조각이 비를 만들고 거대한 태풍을 만드는 것처럼, 우리의 작은 아이디어 하나가 경험하지 못한 상상의 세계로 인도할 것이다.

인공지능의 진화는 우리가 생각하는 것보다 빠르고 정교하게 발전하고 있다. 아직 발전 가능성이 열려 있으므로 데이터를 생성하고 활용하는 비즈니스에 여러분이 도전해보기를 바란다.

혁신할 것인가,
혁신의 대상이 될 것인가?

1990년대, 일본의 초일류기업 소니, 도시바, 파나소닉에 산업 시찰이라 하여 견학을 몇 번 다녀왔다. 1970~1990년대는 일본 가전이 세계를 주름잡던 시대였다. 미국에서도 일본 제조업을 배워야 한다는 목소리가 높았다. 일본에 가기 전에 미국 하버드대 교수가 쓴 《재팬 애즈 넘버원(Japan as number one)》이라는 책을 읽고, 일본 기업의 기술과 전략이 우상처럼 느껴졌다. 이 책은 일본 경제가 미국을 추월할 것이라는 장밋빛 전망을 내놓기도 했다.

일본에 다녀오면서 소니 워크맨, 소니 TV, 코끼리 전기밥솥을 주문하는 사람이 많았다. 그때는 일본 제품이 재산 1호가 될 만큼 부러워했던 시절이었다. 부모님께 소니 TV, 전기밥솥을 사서 드렸더니 온 동네 사람이 모여 TV를 보며 좋아하셨다.

일본은 가전의 왕국이라 불리며 세계의 표준이 되었다. 반도체에서도 시장점유율 80%를 차지했다. 1989년 NEC, 히타치, 도시바가 세계 반도체 시장 매출 상위를 석권하고, 1990년에도 톱10 기업 중 6개가 일본회사일 정도로 전 세계 반도체 시장을 휩쓸었다.

그러나 최고 기술을 자랑하던 일본 가전과 반도체가 몰락의 길을 걷기 시작했다. 과거 성공에 취해 시장 변화의 흐름을 읽지 못했다. 시장에서 자취를 감추는 기업들은 거의 같은 이유로 소비자가 외면하는 길을 걷는다.

일본 기업들은 인터넷과 모바일 시대가 엄청 빠르게 도래하리라고는 전혀 예측하지 못했다. 그러다 보니 파나소닉과 샤프는 2000년대 들어 TV 제조에 대대적인 투자를 했다. 인터넷이 핵심 미디어로 떠오르던 때에도 시대에 역행했던 파나소닉은 결국 가전 시장에서 도태되는 운명을 맞이했다.

파나소닉과 샤프는 좋은 제품을 만들어야 팔린다는 '기술 신앙'이 있었다. '만든 걸 판다.'는 기술의 자만으로 소비자의 다양한 욕구를 외면했다. 불가피하게 유통 구조변화와 판매전략의 매뉴얼을 다시 만들어서 대응해야 하는데도 과거 전성기만 생각하고 그것마저도 혁신에 둔감했다. 버블 붕괴로 소비자들이 가격에 민감해지자 같은 판매전략은 통하지 않고, 밀어내는 상품이 되고 보니 시장에서 외면 당하고 경쟁력을 완전히 잃고 말았다.

일본의 장인정신이 역설적으로 덫이 된 경우다. '좋은 제품을 만들면 팔린다.'는 사고, 고품질·고성능을 지향하는 신념이 오히려 시장의 확장성과 유연성을 떨어뜨리는 결과를 가져왔다.

TV 시장이 대표적인 사례다. 일본 기업들은 부유층을 겨냥한 고품질 TV 생산에 집중했다. 그러나 경제위기에 새로운 수요를 계속 창출하는 데는 한계가 있었다. 그사이 우리 기업은 신흥 개발국에 중저가 시장을 개척해 나갔다.

반도체도 1990년대 이후 대형 컴퓨터보다 소형 PC가 대세인데도, 일본은 고가 PC용 D램을 저가 PC에 적용하다가 결국 시장에서 도태되었다. 일본의 가전과 반도체 기업들이 최고의 기술력과 세계 시장을 선점했음에도 소비자의 변화에 대응하지 못하고 기술의 자만심 때문에 시장에서 외면 당했다.

그사이 삼성은 '팔리는 것을 만든다.'는 기치 아래 현지 수요자의 문화와 관습 등을 면밀하게 파악하여 눈높이에 맞는 마케팅으로 승부했다. 그 나라의 니즈에 맞는 상품을 출시하며 고객 편의주의 마케팅으로 성장할 수 있었다. 일본의 위기가 우리에게는 곧 기회가 되었다.

일반적으로 기업은 정점에 가면 반드시 하향곡선을 그리며 등락을 반복하는 사이클을 보인다. 변화에 대응하지 못하면 쇠퇴의 길을 걷게되어 있다. 그 주기가 짧은가, 좀 더 긴가 그 차이뿐이다.

잘나가는 성숙기에 변화에 대한 개혁을 준비한다는 것은 지극히 어려운 일이다. 새로움을 추구하는 데 따르는 혼란과 무질서를 변화의 계기로 만들어 가는 문제해결자가 되어야 한다.

역설적으로 잘나갈 때가 가장 위험하다. 성공에 도취되어 자만하고, 시장의 변화에 둔감하여 혁신의 기회를 놓치게 된다. 올라가지 못하면 결국 내려올 일만 남는다.

회사가 쇠퇴기에 접어들면 개혁의 동력이 떨어진다. 가동할 운용자금 부족으로 투자 여력이 위축되면, 인재를 채용할 수 없을 뿐만 아니라, 생산시설에 투입할 수 있는 재원이 부족하게 되는 악순환의 과정을 거치면서 쇠퇴의 길을 걷게 된다.

기업은 새로운 질서를 만들기 위해 과거의 제도와 질서를 파괴하는 카오스메이커(Caos Maker, 혼돈 제조기)의 역할이 때로는 중요하다. 기업이 새로운 성장동력을 확보하기 위해서는 반드시 필요한 것이 카오스메이커로서의 과감한 결단이다. 이를 수용하는 기업문화가 변화의 과정을 거치게 하고 영속적인 기업이 되게 한다.

카오스메이커가 되기 위해서는 새로움을 추구하는 데 따르기 마련인 혼란과 무질서 상태를 두려워하지 않는 용기가 필요하다. 잘나갈 때 이런 결단을 하기가 쉽지 않으므로 기업이 대를 이어 수명주기를 늘려가는 것이 어려운 것이다. 현 상황을 꿰뚫어 보는 통찰력, 과거의 틀에 얽매이지 않는 창조적 사고력, 행동가로서의 실행력이 뒷받침될 때 창조적 파괴가 완성된다.

한 기업의 위기는 또 다른 기업에게는 기회가 된다. 항상 준비하고 있으면 반드시 때가 온다. 지금은 성공의 주기가 빠르고 시장에서 퇴출되는 사이클 또한 빨라졌다.

리더는 시장 패러다임의 변화를 읽고, 글로벌 회사의 흐름과 동향을 분석하는 공부를 게을리하면 안 된다. 먼저, 시장의 현상을 다양하게 꿰뚫어 보는 통찰력을 길러야 한다. 그리고 현재의 내부상황을 정확하게 판단하여 대책을 세우고 과감하게 결단할 수 있는 행동가가 되어야 한다. 리더는 설명하기 어려운 것도 설명하고, 구성원들을 한 방향으로 결집할 수 있어야 한다.

특히 조직보다는 인재에 대한 욕심을 가져야 한다. 인재 영입에 집중적인 투자를 하고 인재를 관리하는 능력이 회사의 향방을 결정하는 경우가 많다. 인재로 길러진 자원만이 생존할 수 있다. 이에 따라 인사도 유연하고 탄력적으로 운영되어야 한다. 재능이 있는 직원은 언제나 새로운 기회를 가질 수 있다. 내가 다른 사람보다 더 잘할 수 있는 일이 바로 경쟁력과 차별화다. 업무를 수행하는 데는 무엇보다 회사가 필요로 하는 업무능력이 있어야 대우를 받는다.

특히 리더는 실천 가능한 것을 추진하고, 업무를 수행하는 능력가로서의 리더십을 보여 주어야 한다. 사명감으로 뭉친 사람을 고용하고 비전을 공유하라. 성공은 사명감이 투철한 인재가 행동으로 옮기는 데서 시작된다.

회사의 위기가 왔을 때 리더는 과거에 얽매인 틀을 과감하게 벗어던지고, 미래로 나아가는 데 방해가 되는 낡은 구조를 혁신해야 새로운 것을 받아들일 수 있다. 투자의 메커니즘을 이해하고 활용하려는 시도를 끊임없이 해야만 생존의 길을 모색할 수 있다.

그리고 지나간 기회와 시간을 후회하면서 여전히 혁신의 길에 뛰어드는 것을 두려워하고 보류하는 것은 아닌지 계속 스스로 질문해야 한다. 혁신하지 못하면 변화되지 않는 것에 그치는 것이 아니라, 내가 혁신의 대상이 된다.

끝이 좋아야 다 좋다

미국에 있을 때 동료들과 콜로라도주 로키산으로 트레킹을 떠났다. 국립공원에 들어섰는데, 안내원이 월동 장비를 갖추고 등반해야 한다고 했다. 우리가 계획했던 코스는 암벽이 많았고 10월인데도 눈이 쌓여 있었다. 마침 그 코스로 가는 산악인들이 있어서 안내원에게는 "알겠습니다" 하고 그 일행을 따라나섰다.

미국에서 로키산 국립공원(지리산 국립공원의 약 2배)은 그리 큰 편은 아니었다. 군대 전방에서 동계훈련을 하면서 다람쥐가 나무에 오르고 내리듯 산을 누비고, 눈 속에도 한 달 동안 있었는데 이 정도쯤이야 하는 오기가 충천했다.

실제로 캐나다를 관통하는 로키산맥은 총 길이가 4,500km에 이르는 크기와 높이가 생각 이상으로 엄청나다. 감탄사가 절로 나오는 미네완카 호수를 거쳐 스카이 연못으로 2,550고지를 겨우 기어서 올라갔다.

그런데 내려올 때 문제가 생겼다. 함께한 동료 중 한 사람이 암벽에서 미끄러져 크게 다치는 사고가 일어났다. 헬기까지 동원되고 트레킹이 엉망이 되어버렸다. 안내원이 "내려올 때 조심하라."고 신신당부했는데 그 말을 귓등으로 들은 것을 후회했다. 'Be careful not to fall(낙상하지 않도록 주의하라)'는 안내 표지판이 곳곳에 있음에도 불구하고 무시한 것이 사고를 자초했다. 해발 1,600m에 있는 도시 덴버의 병원에서 동료가 치료받는 동안 회사에 3일 휴가를 내고 간호했다.

로키산 트레킹에서 배운 것이 3가지 있다.

❶ 리더의 말을 경청해야 한다.

'적극적 듣기(Active listening)'라는 말이 있다. 적극적으로 경청한다는 것은 상대방의 말을 듣기만 하는 것이 아니라, 상대방이 전달하고자 하는 말의 내용까지 상대방에게 피드백하여 줄 수 있는 것까지를 말한다. 상대방의 말을 단순히 듣기만 하는 것이 아니라, 열린 마음으로 적극적으로 경청하는 자세는 습관화된 행동이다.

학생이 공부를 못 하는 것보다 안 해도 된다는 태도가 문제인 것처럼, 경청을 안 하는 것보다 경청을 안 해도 된다는 태도가 더 나쁘다. 태도는 행동이 되고, 행동은 습관이 되고, 습관은 운명을 바꾼다.

어설픈 용기는 만용이다. 할 수 있는 일도 오기로 하면 망친다는 교훈을 얻었다.

❷ 준비되고 훈련된 자만이 정상에 설 수 있다.

우리는 초짜였고, 트레킹을 함께한 일행은 전문 산악인이었다. 그들과 같이 출발했지만, 결국 멀찍이 따라가는 것으로 만족했다. 좋은 풍경을 보면서 운치를 느껴 보지도 못하고, 사진 한 장도 찍을 여력이 없을 정도로 초라한 트레킹이었다. 함께 트레킹한 일행은 우리가 정상에 3분의 2 정도 갔을 때, 하산하면서 '조심하라.'는 한마디를 남기고 사라졌다.

'고통의 훈련은 성공의 길동무'라는 말이 있다. 만약 여러분이 성공했다면, 훈련의 어두컴컴한 터널을 통과했다는 의미다. 고통스러운 훈련은 나를 나답게 하는 유일한 방법이다. 인생에는 속성반이 없다. 훈련이 삶이고 삶이 훈련이다. 흘린 땀은 반드시 기쁨으로 보답한다. 훈련을 많이 해서 후회한다는 사람을 한 번도 본 적이 없다. 모든 영역에서 준비되고 훈련된 사람을 사용한다는 것은 상식이다. 자신의 때를 위하여 준비하고 훈련하는 사람이 가장 지혜로운 사람이다.

❸ 올라갈 때보다 내려올 때 더 조심해야 한다.

권력의 뒤안길이 씁쓸한 것은 하늘 높은 줄 모르고 올라갔다가 어느새 수직 낙하하기 때문이다. 높이 올라갈수록 떨어질 때 크게 아프다.

올라가는 데만 신경을 집중하고 내려오는 것을 쉽게 생각하는 경향이 있다. 산을 오를 때는 한 걸음씩 집중해서 오른다. 그런데 내려올 때는 긴장을 늦추다 보니 발목을 겹질리는 사고를 당하기 쉽다.

나아갈 때보다 물러설 때를 아는 사람이 지혜로운 사람이다.

유명한 무용가 마사 그레이엄은 말주변이 없어서 자기 의견을 남들에게 충분히 전달하지 못하는 것을 괴로워했다. 그러던 어느 날, 태어나서 처음으로 무용 공연을 보게 되었다. 무용수는 몸의 움직임을 통해 특별한 감정을 표현했다. 그날 이후 그레이엄은 춤을 배우기 시작했고, 그것이 자신의 천직임을 깨달았다. 그녀는 "춤을 출 때 가장 행복하고 살아 있음을 느낀다."라고 했다.

'타고난 자신'과 '만들어진 자신' 간의 괴리가 점점 커져서 평생을 후회와 미련 속에 살아가는 사람들이 많다. 재능을 타고났어도 부단한 노력을 하지 않으면 절대로 성공하지 못한다. 무엇이든 한 번에 되는 것은 이 세상에 없다.

만일 몰두하지 못한 채 순전히 금전적 이익을 위해서 일하고 있다면, 여러분은 영혼 없는 성과물을 내놓을 수밖에 없다. 그러나 열망을 따라가면 내가 생각지도 못했던 일들이 벌어진다. 진정한 내면 깊은 곳과 연결된 결과물은 진정성을 아는 이에게 자연스럽게 전달되는 법이다. 때로는 포기하고 싶지만, 도전 뒤에 오는 기쁨은 힘든 만큼 더 크다.

인생길은 칠흑과 같은 어둠에 둘러싸여 있다. 동서남북 방향을 분간할 수 없다. 시계를 보지 말고 나침반을 봐야 한다. 나침반에 의지하여 가고자 하는 방향으로 한 발 한 발 나아가다 보면 어느덧 목적지에 도달할 것이다.

할 수 없는 것을 생각하지 마라. 오늘 할 수 있는 것만 생각하라. 그리고 지금 당장 책상에 앉아 오늘 할 일을 기록하라.

미국 독립선언문의 기초를 작성한 벤저민 프랭클린은 자신의 성공 비결을 이렇게 말했다.

"나는 매일 아침 '내가 할 수 있는 일이 뭘까?' 생각하면서 하루를 시작한다. 그리고 저녁에는 내가 그것을 잘했는가를 자문하면서 마무리한다."

새롭고 큰 세계를 경험하고 즐길 준비를 하자. 그 세계에 과감하게 뛰어들지 못하면 5년 후, 10년 후에는 후회할 날이 반드시 온다. 스스로 절박한 곳으로 밀어넣지 않으면 인생의 터닝포인트(Turning point)를 경험할 수 없다. 터닝포인트는 타이밍과 기회가 동시에 마주치는 지점에서 방향을 바꾸라는 강렬한 신호다.

우리는 보통 30대를 인생의 터닝포인트라고 한다. 10대, 20대와 달리 30대는 인생의 중대한 기로인 전환점을 만들어야 하는 시점이다. 30대의 선택이 거의 평생 갈 확률이 높다. '아무런 준비 없이 40대를 맞이하면 너무 늦다.'는 말은 30대가 인생의 황금기라는 뜻이다.

'시작이 좋아야 끝이 좋다.'는 말이 있다. 나는 '끝이 좋아야 다 좋다.'고 덧붙이고 싶다. 이 말은 뒷모습이 아름다운 사람이 되라는 의미다. 마지막에 웃는 사람이 진정한 승리자다.

여러분도 뒷모습이 아름답고, 마지막에 웃는 사람이 되기를 바란다.